Volver
a empezar

LORRAINE C. LADISH

Volver

a empezar

*Cómo encontrar el amor
si has perdido la esperanza*

EDICIONES OBELISCO

Si este libro le ha interesado y desea que le mantengamos informado
de nuestras publicaciones, escríbanos indicándonos qué temas son de su interés
(Astrología, Autoayuda, Ciencias Ocultas, Artes Marciales, Naturismo, Espiritualidad,
Tradición...) y gustosamente le complaceremos.

Puede consultar nuestro catálogo en www.edicionesobelisco.com.

Colección Psicología
VOLVER A EMPEZAR
Lorraine C. Ladish

1.ª edición: febrero de 2011

Maquetación: *Marga Benavides*
Corrección: *Sara Moreno*
Diseño de cubierta: *Enrique Iborra*

Edita: Ediciones Obelisco, S. L.
Pere IV, 78 (Edif. Pedro IV) 3.ª planta, 5.ª puerta
08005 Barcelona - España
Tel. 93 309 85 25 - Fax 93 309 85 23
E-mail: info@edicionesobelisco.com

Paracas, 59 - Buenos Aires
C1275AFA República Argentina
Tel. (541 - 14) 305 06 33
Fax: (541 - 14) 304 78 20

ISBN: 978-84-9777-716-2
Depósito Legal: B-1.134-2011

Printed in Spain

Impreso en España en los talleres gráficos de Romanyà/Valls S. A.
Verdaguer, 1 - 08786 Capellades (Barcelona)

Para Chloe y Alexia.

Sé que a partir de ahora no sólo tendré que lidiar con mis propios amores y desamores, sino también con los vuestros. Así es el amor de una madre.

Agradecimientos

A Phillippe Diederich, por ayudarme a mirar las relaciones sentimentales desde un punto de vista positivo y así mejorar la estructura de este libro y también la calidad de mi vida y de mi corazón.

A Anna María Mañas y Juli Peradejordi, por apoyar mis proyectos y por su paciencia.

A todas las personas, hombres y mujeres, que compartieron sus historias conmigo.

A los amigos y familiares que estuvieron junto a mí en los momentos más difíciles de los últimos años.

A mis hijas, por ser mi motor.

Y no penséis en dirigir el curso del amor
porque será él,
si os halla dignos,
quien dirija vuestro curso.
El amor no tiene otro deseo
que el de realizarse.
Pero si amáis
y no podéis evitar tener deseos,
que vuestros deseos sean estos:
fundirse y ser como el arroyo,
que murmura su melodía en la noche;
saber del dolor del exceso de ternura;
ser herido
por nuestro propio conocimiento del amor;
sangrar voluntaria y alegremente.

KHALIL GIBRAN
(Extracto del poema *El amor*)

Introducción

Cuando me casé a los treinta y cinco años, pensé que sería para toda la vida. Mi propósito era formar una familia y afirmé muchas veces que algo muy grave tendría que pasar para que tomara la decisión de divorciarme. Tuve dos hijas estupendas, pero el matrimonio no fue para siempre. Este libro no es sobre un fracaso matrimonial, sin embargo, sino sobre lo que pasa cuando te encuentras a los treinta y tantos o los cuarenta y tantos o más, separada o divorciada, con o sin hijos, cuestionándote las relaciones de pareja y preguntándote si merece la pena –o si es posible– volver a enamorarse y ser feliz.

Decidí escribir este libro, como todos los que he escrito hasta ahora, porque estoy segura de que hay más mujeres en mi situación. Es más, conozco unas cuantas y, lamentablemente, la mayoría terminan sintiéndose amargadas y descorazonadas. Piensan que si cuando eran más jóvenes y estaban espléndidas y sin lastres como hijos, ex, posiblemente deudas y el peso de los años, era difícil conocer un hombre decente con el que mantener una relación duradera, ahora debe de ser prácticamente imposible.

Algunas amigas divorciadas o solteras a los cuarenta y tantos me dicen que porque están desencantadas de los hombres, están pensando pasarse a la homosexualidad, como si esto fuera tan fácil. Otras simplemente se resignan a la soltería y renuncian a buscar pareja, porque dicen que ya han sufrido bastante. Pero algunas, como yo, todavía mantienen la esperanza de que la vida no se detiene ni ante el mayor de los fracasos amorosos, que no todos los hombres son iguales y que «siempre hay un roto para un descosido». Gracias a esta actitud, conocí a un hombre que por ahora es el más compatible que he conocido hasta ahora. Claro que él también viene de un divorcio, también tiene un hijo y también tiene mi edad. Y por supuesto, también estaba abierto a probar suerte de nuevo. De lo contrario, no nos hubiéramos conocido.

Por mucho que te hayan roto el corazón, por poca confianza que tengas en los hombres y en las relaciones de pareja, estoy aquí para decirte que no sólo puedes, sino que te debes a ti misma cambiar esa actitud. Porque la actitud que tengas hacia el amor, los hombres y las relaciones será la actitud que seguramente tengas hacia todos los aspectos de tu vida. Y ni en el amor ni en ningún otro campo merece la pena tirar la toalla.

Según voy cumpliendo años y acumulando experiencia, me doy cuenta de que cada relación amorosa, de amistad o de trabajo que he tenido me ha preparado para la siguiente. Nuestras relaciones actuales (o falta de ellas) son un reflejo de nuestro interior, siempre, nos guste o no. Por malas que sean, satisfacen determinadas necesidades en un momento dado de la vida y cuando terminan –no importa quién inicie la ruptura– nos ofrecen la posibilidad de aprender de los errores que cometimos en ellas y nos abren las puertas hacia otra relación futura más madura y mejor.

Por supuesto que no lo he pasado bien durante mi separación y divorcio y que hubiera preferido darles a mis hijas el hogar tradicional que yo misma no tuve de niña, pero a lo hecho, pecho y hay que seguir siempre adelante. Considero, eso sí, que no hay que guardar rencores hacia el sexo opuesto en general, ni tampoco lamentarse de lo que aguantaste o dejaste de aguantar en tu matrimonio o convivencia pasada. Creo que hay que mirar esa relación y tomar buena nota de los errores, sólo para evitar cometerlos de nuevo. Es posible que metamos la pata de nuevo, pero al menos ¡que no sea la misma!

Claro que la cosa dicha así parece sencilla, pero sé que en realidad no lo es tanto. Conocer a ese alguien especial, sobre todo a nuestra edad y con las experiencias que hemos ido acumulando, no se produce gracias a una fórmula matemática. Para escribir este libro he leído mucho sobre las relaciones sentimentales, sobre cómo encontrar pareja, he hablado con muchísimas personas y también he hecho algunos experimentos en el ruedo de la soltería a la mediana edad. Todo eso está en las páginas que siguen y que espero que te ayuden a reflexionar y a obtener tu propia conclusión sobre el amor.

En mi caso, la conclusión es que en realidad no hay fórmulas mágicas ni reglas infalibles para conocer al hombre de tu vida. Sí creo que hay personas que son más compatibles que otras y que se trata de encontrar aquella que encaje contigo, como dos piezas de un puzle, y que encaje contigo como eres HOY, no como eras hace diez años o como lo serás dentro de veinte.

Para conseguir esto, hay que arriesgarse, claro. Es igual que intentar publicar un libro o buscar trabajo. Si no envías currículos o manuscritos, si no vas a la feria del libro o a ferias profesionales, si no miras los anuncios en Internet y respondes a ellos, no pasará nada. Lo mismo ocurre con el amor. Si no te planteas qué es lo que quieres y dónde puedes acudir para encontrarlo, tus posibilidades de conocer una pareja son reducidas.

El terreno de juego en el amor ahora te puede resultar muy diferente de la última vez que lo pisaste. Ha cambiado sin duda, igual que hemos cambiado nosotras, e igual que ha cambiado la sociedad y la tecnología.

Piensa que ahora cuentas con una gran ventaja que no tenías cuando eras más joven: experiencia y, si estás leyendo este libro, ganas de mejorar tu vida. Porque, seamos sinceras, aunque se está muy bien sola (de hecho a mi me encanta la soledad), la vida es más agradable cuando se comparte con un compañero. Al menos, yo lo vivo así.

La mejor manera de abordar el amor es con el corazón abierto, pero con los ojos también abiertos. Aunque soy una romántica creo que es bueno tomar algunas precauciones para evitar caer en manos del hombre equivocado y también para no sufrir tontamente. No te lamentes por el pasado. Lo que pasó, pasado está, y de nada sirve seguir culpando a tu ex o incluso a ti misma por relaciones que se terminaron. Piensa que lo que hagas de tu vida y de tu corazón a partir de ahora depende en gran medida de tu actitud. Por otro lado, aunque lleves paraguas por si llueve, no lo uses para agredir a cualquier otro paseante que se acerque a ti.

Volver a empezar es lo que verdaderamente importa, tanto en el amor como en todos los demás aspectos de la vida.

Te deseo, eso sí, que antes de encontrar a ese alguien especial te encuentres a ti misma.

Con cariño,

LORRAINE C. LADISH
Sarasota, Florida, 2010

Las diferentes edades del amor

Al primer amor se lo quiere más, a los otros
se los quiere mejor.

ANTOINE DE SAINT-EXUPÉRY

Todavía recuerdo el nombre de mi primer amor. Se llamaba
Ricki y me gustaba porque corría muy deprisa en el patio
del colegio, cuando teníamos la tierna edad de ¡cuatro años!
Ahora es mi hija de seis años la que se sonroja cuando ve a
un tal Robbie en el colegio, un niño monísimo con cara de
pillo que seguro que romperá más de un corazón cuando
sea mayor. No sé si es la sociedad o la biología lo que provo-
ca el flirteo en las niñas. Jugamos con muñecas, a las casitas
y soñamos con el día en que de mayores tengamos un marido e hijos a los que cuidar. Claro que la mujer hoy es más
independiente, se vale sola y tiene otras metas que no son
exclusivamente ser la «mujer de». Las niñas de hoy ven otros
modelos no-convencionales de familia y aprenden que más
vale vivir sola que mal acompañada. Las mujeres sabemos
cada vez más lo que queremos. Cuando mi hija pequeña

tenía cinco años, me dijo en el coche de camino a mi clase de baile:

—Cuando sea mayor, a mi marido le gustará bailar.

Por supuesto, me reí, y su hermana de entonces ocho años le contestó:

—Bueno, ¿y si no le gusta bailar?

—Sí le gustará porque iré a la tienda de maridos ¡y elegiré uno al que le guste bailar!

Mi hija mayor le explicó que no existe tal «tienda de maridos» (¡ojalá!) y la pequeña quiso saber entonces cómo se conoce a un marido.

—Pues si ves un chico que te gusta, le dices «hola», y os hacéis novios.

Huy, si fuera tan fácil, no estaría escribiendo este libro, ni hubiera leído montones de manuales, guías y novelas basadas en las relaciones de pareja.

Mis hijas tendrán que pasar por las diferentes etapas del amor, igual que lo hice yo, y al igual que lo harán mis nietas si las tengo algún día. Para personas sensibles, como lo soy yo, las rupturas sentimentales y las relaciones de pareja pueden ser fruto de mucha alegría y también de mucho dolor. Quisiera poder evitarles a mis hijas el dolor y ayudarlas a navegar en el terreno de las relaciones sentimentales bien armadas de información y sobre todo de una autoestima a prueba de hierro, para que un desamor o una ruptura no las tumbe. Sé que el desamor es prácticamente inevitable, porque toda relación termina, ya sea porque se acaba el amor y la complicidad, o por la muerte. Lo importante es saber lidiar con ello, aprender de los errores y seguir adelante.

En cuanto entren en la adolescencia, que parece que cada vez es más temprana, sus hormonas harán estragos y vendrán a casa con historias de cómo les gusta fulanito, que no les hace ni caso, y lo pasarán mal. O bien –porque haya conseguido que tengan seguridad en sí mismas– vendrán contándome que salen con fulanito, pero que ahora les gusta menganito y fulanito está que trina.

Todavía recuerdo mi primer beso. Fue a los quince años en un taxi. No fue nada romántico. Un muchacho llamado Jaime me metió la lengua en la boca a modo de despedida, y aunque hasta ese momento no lo había mirado como potencial pareja, ese beso desencadenó en mí una obsesión por aquel quinceañero. Por suerte o por desgracia mi «amor» no fue correspondido, claro que tampoco recuerdo haber tenido la oportunidad de decirle lo que significó para mí ese beso. Durante un año entero sufrí en silencio por aquel chico y no tuve noviete hasta los dieciséis. Recuerdo bien que, en el colegio sobre todo, el tener novio era como tener un trofeo. Era un signo externo de validación, que demostraba que eras popular, que habías conseguido lo que todas las demás ansiaban. Claro que no bastaba con tener un novio cualquiera; si era el más «malo», el que se metía siempre en líos, el que suspendía todo y encima era guaperas, entonces eras la reina. Yo nunca lo fui, y no por falta de ganas, que conste.

Ya desde jovencitas las niñas son capaces de dejar de lado a su mejor amiga por estar con su noviete, con el que quieren pasar todos los momentos libres y no libres del día. Por otro lado, los muchachos también buscan a la chica imposible de conseguir. En el caso de ellos, no creo que busquen a la más mala, pero sí a la más maciza, la que los demás desean y sólo ellos pueden tener. Eso ¿es así durante toda la vida? Ya lo iremos viendo más adelante en el libro.

Los adolescentes de hoy, y dependiendo del país y la sociedad en la que se críen, tienen distintos motivos por los que emparejarse. Algunos grupos de jóvenes ultraconservadores deciden no tener sexo hasta llegar al matrimonio. En cambio en otras sociedades el sexo ha dejado de ser algo sagrado o especial, para pasar a ser una actividad más que compartir con casi cualquiera que muestre interés. De ahí que sea importante educar a nuestros jóvenes acerca de las precauciones a tomar para su salud física, emocional y mental.

El amor en la adolescencia se basa por lo general en valores externos, en la belleza física y en las nuevas sensaciones que despierta la atracción por otra persona. Rara vez hay planes de futuro y si los hay, no se suelen cumplir. A esas edades una muchacha es capaz de hablar de su amor durante horas con sus amigas, se pasa el tiempo pensando en su chico, al que idealiza, y pierde el apetito o bien come desaforadamente, llevada del ensimismamiento.

Enamorarse en la adolescencia forma parte del proceso de crecimiento y el cómo se aborde esta experiencia la primera vez suele marcar cómo se abordarán las siguientes. Por ello es importante preparar a nuestros hijos para tal experiencia y permitirles que nos hablen de ello sin recriminarlos. Para ti el novio tatuado y de pelo largo de tu hija es un peladito cualquiera, pero para ella es el centro del universo. No hagas de menos sus sentimientos ni la imagen que tiene de su chico, porque sólo conseguirás que se rebele contra ti. Procura estar ahí para lo bueno y para lo malo, dispuesta a darle información, escuchar sus inquietudes y en el peor de los casos, enjugar sus lágrimas cuando se termine la relación.

A partir de los veinte años y cada vez a edades más tardías, incluso a partir de los treinta, la finalidad de una relación –sobre todo para una mujer– suele ser convivir o casarse y formar una familia. Existe una idea preconcebida de que los hombres son más reacios al compromiso, y esto no siempre es así. En todo caso, las mujeres a esta edad no salen tanto con hombres para pasar el rato, sino buscando la estabilidad. La universidad, el lugar de trabajo, el gimnasio, a través de amigos comunes, en todas estas y en más situaciones es donde la mujer conoce al hombre del que se enamora. Aunque la atracción física sigue siendo importante, ya no es lo principal. El éxito académico, profesional o financiero juega un importante papel cuando se trata de atributos deseables en una potencial pareja. Un hombre desempleado o que pasa el tiempo bebiendo cerveza y tirado en el sofá viendo televisión tiene menos posibilidades de ligar que el que vive para su trabajo, el emprendedor o el que se dedica a cultivar los músculos en el gimnasio. La mujer, consciente o inconscientemente desea un hombre que sea capaz de cuidarla, de ser buen proveedor y buen padre para sus hijos. Por lo general, queremos ser independientes económicamente pero a quién no le gusta que su pareja tenga éxito, y saber que –si así lo elegimos– podemos quedarnos en casa cuidando de los hijos en vez de ser madres trabajadoras.

Cuando queremos formar una familia, y sobre todo cuando empezamos a sentir que «se nos pasa el arroz» es posible –muy posible– que tomemos la decisión de emparejarnos o casarnos con mayor urgencia de lo que sería deseable. Cuando esto ocurre, a veces ignoramos señales o características de nuestra pareja que más adelante se convierten en un verdadero problema y pueden ser motivo de separación o divorcio.

En temas de amor la razón juega un papel importante que a menudo queremos obviar. No estamos abocadas a conformarnos con el primero que pase –por difícil que digan que está el mercado de soltero– ni con menos de lo que merecemos. Mi amiga Concha se casó con un tipo que quince años más tarde sigue afirmando que es «un buen hombre y un buen padre». Pero nunca he percibido en ella pasión alguna por su pareja. Como quiera que Concha había salido de una relación que incluía engaños, drogas y malos tratos psicológicos, se conformó con el que la trataba bien, pero no era su igual intelectual ni socialmente. Pero ella quería ser madre, y lo ha conseguido: tiene la familia que siempre quiso.

Cuando se produce un divorcio, cuando ya tienes hijos, y sobre todo cuando has rebasado los cuarenta años, por poner una edad, los motivos para buscar pareja son otros. Si no tienes hijos, posiblemente ser madre sea una de tus motivaciones, pero por lo general no es la más importante.

A estas edades y en estas circunstancias, el principal motivo es compartir tu vida con un compañero. Con más responsabilidades que nunca, con vidas complejas y quizá con el temor a envejecer, lo que buscamos en una pareja ya no es lo mismo que antes. El atractivo físico baja considerablemente en importancia y crece el atractivo intelectual y emocional. La estabilidad económica también juega un importante papel, aunque la mujer suele estar ya establecida y no necesita apoyarse en nadie para esto. Hoy día mujeres de más de cuarenta años tienen hijos que están en edad universitaria, pero también es posible que hayan sido madres más tarde y que sus hijos tengan diez años, cinco o incluso menos. Si estamos separadas o divorciadas, a estas alturas lo más probable es que conozcamos a hombres que también estén divorciados o separados y ya tengan hijos. Todavía existen los solteros empedernidos, pero en mi humilde opinión, si a estas alturas siguen solteros, es por algo; y si no tienen hijos, no comprenden las dificultades que conlleva tener una relación con alguien que sí los tiene. Esto, creo, los convierte en peores candidatos a pareja si tú eres madre, pero es algo muy personal.

Es cada vez más habitual utilizar Internet para buscar pareja. Estamos tan ocupadas, que nos queda poco tiempo para ir a lugares y embarcarnos en actividades en las que podríamos conocer gente. En los sitios tipo Match (a lo cual dedico un capítulo entero más adelante), se puede elegir candidatos por eliminación o buscando atributos y valores que para ti son importantes. Conozco varias parejas que están felizmente casadas y que se conocieron por ese medio. También conozco personas que cuentan historias de terror sobre estos sitios, pero también ocurre lo mismo en el mundo real.

El sexo es importante, pero no es lo único que buscamos. Queremos alguien que no se parezca a nuestras anteriores parejas, que por algo fracasaron. Si somos lo suficientemente maduras, entonces buscamos alguien con quien conectemos a nivel emocional e intelectual. Sabemos que la pasión inicial en una relación se termina o evoluciona y queremos estar seguras de que cuando la relación se calme en ese sentido, habrá otros importantes puntos en común. Buscamos un amigo, un cómplice, un compañero. El proyecto de pareja puede incluir vivir juntos y casarse o no. Algunas mujeres me dicen que ya no están dispuestas a lavar los calzoncillos de nadie, que los hombres son como niños. Cuando yo me divorcié, muchas mujeres de más edad me dijeron que no tuviera prisa en convivir con otra pareja, que disfrutara de mi soltería.

Si eres madre, entonces tienes que tener en cuenta que tus hijos se lleven bien con tu pareja y viceversa. Mi amiga Karla lo está pasando fatal, porque no soporta a los hijos de su novio, ni él aguanta al hijo de ella.

Conozco muchos solteros y solteras de cuarenta y tantos años y más que reniegan de las relaciones de pareja. Otros solteros por el contrario se conforman con el primer cretino que les hace caso. Esto es una invitación al desastre. Otros miran con envidia a sus amigos que llevan casados muchos años, hasta que descubren que un matrimonio longevo no siempre es sinónimo de felicidad. Infidelidad, hastío, falta de sexo y de cariño, todo esto existe en muchos matrimonios aparentemente estables. Claro que también hay parejas que son capaces de adaptar su relación a los cambios de la vida, manteniendo relaciones largas y felices.

Si estás leyendo este libro, presupongo que tienes más de treinta y cinco años y que posiblemente estés separada o divorciada y tengas hijos. También es posible que no tengas hijos y que nunca hayas estado casada. El caso es que ya no tienes veinte años, tienes algunas experiencias a tus espaldas y deseas encontrar pareja o bien inicias una relación o quieres saber si la que acabas de iniciar funciona o no.

Antes de nada, te recomiendo que hagas una lista de los motivos por los que buscas o deseas tener pareja. ¿Es para compartir gastos y responsabilidades? ¿Quieres alguien con quien ir de viaje? ¿Es porque eres la única de tus amigas que está soltera? ¿Ansías que alguien te abrace y te dé cariño? ¿Es porque quieres un compañero de vida?

Puedes satisfacer todas las cuestiones anteriores con amigas y amigos, familiares e hijos, pero realmente es saludable tener pareja —si la relación es buena— tanto emocional, como física e intelectualmente. Sin embargo, para tener éxito encontrando pareja, primero hay que tener éxito estando sola. No es lo mismo desear estar con alguien que necesitarlo. En el primer caso, tendrás mucho que ofrecer, y en el segundo actuarás desde la desesperación, que nunca es buena consejera.

Después de preguntarte por qué quieres tener pareja, responde a la pregunta de cuáles fueron los puntos fuertes y los puntos débiles de tus parejas anteriores. En alguno de los casos, ¿tuviste desde el principio o en algún momento la sensación de que la persona no era la adecuada, pero ignoraste esa intuición? ¿Qué fue lo que te hizo sentir o pensar que no ibas por buen camino? ¿Por qué lo ignoraste? ¿Qué es lo que no estás dispuesta a tolerarle a un nuevo compañero?

Mi amiga Desiré se queja de que su novio se le ha metido en casa y que ella lo mantiene. Me cuenta que él es un vago que no busca trabajo, que critica a su hija de diez años y encima se queja de que la casa no está limpia.

—Se pasa el día tumbado en el sofá viendo televisión —dice Desiré.

Y sin embargo no es capaz de echarlo de la casa.

—Por un lado quiero que se vaya, y por el otro, cuando no está, lo echo de menos. Además, con cincuenta años, cada vez es más difícil conocer a alguien —aclara.

Personalmente creo que Desiré no necesita al vago en cuestión en su vida, pero su baja autoestima y su sensación de que más vale lo malo conocido, no le ayuda a ver la realidad.

Si tienes tendencia a abrir tu corazón a cierto tipo de hombres, mira bien esa tendencia; escribe una lista de características comunes a tus anteriores parejas. ¿Bebían demasiado? ¿Eran distantes emocionalmente? ¿Eran incapaces de mantener un trabajo? ¿Eran infieles?

Naturalmente también debes hacer una lista de las virtudes que compartían. Como quiera que son relaciones que terminaron, analiza por qué. A menudo echamos toda la culpa del fracaso de una relación sobre la otra persona, pero igual responsabilidad tenemos nosotras por haber aguantado su comportamiento. Esto es habitual en relaciones en que hay abuso; el abusado también juega un importante papel en la situación, porque perdona al agresor. Esto no es amor, es una enfermedad y como tal hay que abordarla.

Ahora escribe una lista de cosas que has aprendido o que no quieres volver a repetir en una relación futura. Analiza tu propio comportamiento. Si en anteriores relaciones tus celos constantes fueron un problema, plantéate cómo superar eso y lo que tienes que hacer para evitar que eso provoque un conflicto en el futuro.

Ahora haz una lista (de la que hablo en otro capítulo) de cómo te gustaría que fuera tu próxima relación. Si se trata de una relación que acabas de comenzar, piensa cómo quieres que evolucione.

En el amor, al igual que en el terreno profesional o familiar, hay que marcarse metas, o de lo contrario nos encontraremos dando palos de ciego. Se parece a estudiar una carrera o buscar trabajo, y si no tienes claro lo que quieres, no sabrás dónde ni qué buscar.

Te recomiendo que hagas una lista más, y es la de tus propios atributos, lo que tú tienes que ofrecer al otro. ¿Cuáles son tus puntos fuertes? ¿Qué características o rasgos de tu personalidad crees que son un «regalo» para cualquier posible pretendiente?

Para ayudarte a descubrir tus virtudes, hazte algunas preguntas:

- ¿Cuál es mi propósito en la vida?
- ¿Desarrollo una afición o tengo pensado hacerlo?
- ¿Cuál es mi mejor cualidad?
- ¿Me gusto tal y como soy?
- ¿Qué pasos doy hacia mi propia evolución personal?
- ¿Aprendo de mis errores?
- ¿Me gusta mi profesión o mi trabajo?
- ¿Soy sociable, extrovertida o introvertida?
- ¿Me gusta la aventura o prefiero la rutina?
- ¿Me cuido físicamente? ¿Practico deporte?
- ¿Estudio o estoy pensando en estudiar algo?
- ¿Prefiero estar sola que mal acompañada?
- ¿Mi vida es un caos o estoy en un buen momento personal?
- ¿Qué puedo ofrecer y qué estoy dispuesta a ofrecer a una pareja?
- ¿Estoy preparada para enfrentarme al rechazo y a la aventura de conocer gente nueva?
- ¿Tengo una red social fuerte y buenos amigos que me apoyan?

Variantes del amor en la madurez –
Cambios físicos y en el entorno

Las que nos hemos encontrado de nuevo solteras –y posiblemente con hijos– en la mediana edad, comprobaremos que desde la última vez que salimos con un buen mozo las cosas han cambiado bastante. Por un lado, nuestro cuerpo y nuestra actitud no es la misma. Seguramente tendremos arruguitas, flaccidez, canas y estrías producto de la edad y de la maternidad. Una amiga de cuarenta y ocho años me decía, ante la inminencia de su primer encuentro sexual después de su divorcio:

—Pero, ¿y cómo voy a dejar que me vea las tetas caídas? Qué vergüenza…

Claro que nuestros cuerpos y mentes han cambiado, y para mantener alta la autoestima hay que cuidarse por dentro y por fuera. Si no lo has hecho ya, inicia un régimen de ejercicio y una dieta saludable. No se trata de estar como un figurín, pero sí de sentirte bien en tu propia piel aunque empiece a descolgarse. Algunas mujeres recurren a métodos como el bótox o el ácido hialurónico para rellenar surcos. Mientras que lo hagas como quien se hace unas mechas, para realzar tu belleza y no para convertirte en la veinteañera que no eres, la cosa va bien. Si teñirte el pelo, hacerte las uñas y vestirte a la última te ayuda a sentirte mejor, ¡a por ello! No se trata de ponerte guapa para los hombres, sino de sentirte guapa tú. Una mujer que resalta sus virtudes desprende un aura de confianza en sí misma y resulta más atractiva. Esto naturalmente aumenta sus posibilidades de tener pretendientes y más candidatos entre los que elegir.

Los hombres de nuestra edad –dicen– las buscan más jóvenes y esto puede ser cierto en algunos casos. Pero afortunadamente los hay inteligentes y que buscan en una mujer atributos que no se ciñen sólo al físico cuando se trata de encontrar una compañera de vida. Cierto es que el atractivo es importante, pero no siempre es la más guapa la que se lleva el mejor partido, sino la que se sabe sacar partido a sí misma.

Por mucho que tengas las tetas caídas o el vientre descolgado, piensa que las mujeres tenemos tendencia a buscarnos los defectos. Si no es la arruga, es la gordura… Para lograr aceptarte a ti misma, nada mejor que tomar acción –haciendo ejercicio, comiendo bien y con tratamientos estéticos (desde una limpieza facial hasta una pedicura o un masaje, hasta la cirugía plástica si te lo puedes permitir)– al tiempo que haces las paces con tu interior, mediante ejercicios de meditación o alguna práctica espiritual. Piensa también que quien te quiera como eres te merece más que el que sólo estaría contigo por tu juventud o por tu físico.

Cuando te pongas a mirar lo que hay en el mercado de los solteros maduritos, también verás que el panorama ha cambiado bastante. La juventud todo lo perdona y muchos hombres –sobre todo si ya han estado casados– se descuidan mucho más que las mujeres. Nosotras creo que perdonamos más una barriga o una calvicie (contra lo segundo poco se puede hacer), de lo que nos perdonamos a nosotras mismas cualquier defecto. Si tu objetivo es salir con hombres de tu misma edad, encontrarás que tampoco todos son adonis y que es mejor aceptar el paso del tiempo y tomarlo con buen humor. Hay mujeres que a los cuarenta y tantos se fijan en hombres más jóvenes, quizá porque ellas están de mejor ver que sus congéneres (que entretanto buscan a jovencitas que no los mirarían dos veces a menos que estén forrados) y porque les atrae su energía juvenil.

Si tienes en cuenta que hay más mujeres que hombres y que además vivimos más años de promedio, y crees que esto reduce tus probabilidades de volver a estar en pareja, te contaré datos alentadores que he encontrado en Internet.

Un hombre divorciado tiene más inclinación por casarse una segunda vez que una mujer divorciada.

En Estados Unidos al menos, dos tercios de los divorcios los inician las mujeres.

En los sitios para encontrar pareja en Internet, hay más hombres inscritos que mujeres.

Por tanto, aunque hay más mujeres que hombres en el mundo, hay más hombres que mujeres «disponibles» así que las posibilidades de una mujer para encontrar pareja a los cuarenta o cincuenta son mayores que para un hombre de su misma edad. Dicho de otra manera, hay más hombres que buscan pareja que mujeres. Así que, las estadísticas están de nuestro lado.

En cualquier caso, lo importante es no tomarse la búsqueda de pareja con desesperación, sino como una aventura. Como en todo en la vida, hay que disfrutar del proceso. Dicen que las personas que están en una relación feliz gozan de mejor salud y mayor estabilidad emocional, pero la clave es «una relación feliz». No sirve tener una relación cualquiera.

Algunos temores que pueden surgir a esta edad:

- Estoy demasiado mayor para encontrar pareja.
- No tengo tiempo ni energía para conocer gente nueva.

- Ya no quedan hombres como los de antes.
- No sé si sabré desenvolverme en la cama con un nuevo compañero.

Todos ellos son abordables, y recuerda que los obstáculos están casi siempre en nuestra mente. Puedes entrenarte para tener pensamientos positivos, para lanzarte al ruedo de la conquista a pesar del miedo, como hacen los toreros, y para conseguir pisar fuerte y divertirte en el proceso de encontrar pareja.

Piensa que la vida es corta, de hecho ya se nos ha ido la mitad por lo menos, y que no pierdes nada por abrirte a la posibilidad de conocer al hombre de tu vida.

No es que no puedas estar soltera y ser feliz, pero si estás leyendo este libro, es que has tomado la decisión de no estarlo y eso es tan válido como cualquier otra postura ante el amor.

Pensemos que a pesar de las estadísticas que dicen que los segundos matrimonios tienen una mayor posibilidad de fracaso, también es cierto que muchas parejas que se han forjado en la mediana edad duran muchos años, incluso hasta que la muerte los separe, literalmente.

Si abordas el amor con madurez pero con ilusión, tu actitud abierta y positiva atraerá ese tipo de personas. Atraemos el tipo de persona –tanto en el amor como en la amistad y en lo profesional– que somos. Por eso has de comenzar por convertirte en la persona que deseas ser y así podrás atraer el tipo de hombre que te conviene para ser feliz a su lado.

Qué piensan los hombres

La capacidad de reír juntos es el amor.

Françoise Sagan

¡Esto depende del hombre! Eso sí, encuentro que muchos hombres están absolutamente confundidos. Piensan que las mujeres somos difíciles de comprender y en realidad no los culpo, porque muchas seguimos pretendiendo que el hombre nos lea la mente.

En su libro *Marte y Venus salen juntos,* John Gray, autor también de *Los hombres son de Marte y las mujeres son de Venus,* explica las diferencias entre hombres y mujeres cuando iniciamos una relación. Gray arguye que las mujeres cometemos el error de tratar a los hombres como nos gustaría que nos trataran. Dice que el hombre prefiere sentir que lo necesitamos, y no que le demos la atención y el cariño que en realidad queremos para nosotras mismas. Según él, una mujer que es fácil de complacer espanta a un hombre. En cambio, muchos de mis amigos y conocidos me dicen lo contrario. Quieren una mujer que los escuche, que sea amable y que agradezca sus muestras de cariño y sus atenciones. Quieren que los admiremos por sus logros profesionales, que los escuchemos cuando tienen un problema y que no les exijamos más de lo que están dispuestos a dar en cuestión de tiempo, energía e incluso dinero. Considero que en la mediana edad, más que a ninguna otra, desde luego una relación ha de ser un complemento, una especie de descanso del guerrero y no un campo de batalla. No sólo para los hombres, claro, sino para nosotras también. Lo que no puede ser es que se convierta en una especie de exigencia o de problema. La vida ya nos da bastantes, como para inventarnos otro problema más.

Mientras buscaba información para este libro, sobre todo en forma de opiniones y experiencias de personas, pregunté a hombres en Match.com y en la vida real qué buscaban en una mujer. El resumen más genérico de estas respuestas es: una mujer que sea independiente pero que haga sentir al hombre que lo necesita, sin ser excesivamente exigente. Una mujer que sea compañera, que sea amiga y amante. Alguien con quien poder disfrutar del sexo pero también mantener una conversación interesante. Una mujer a la que «le guste ser mujer», es decir, que sea femenina y permita al hombre comportarse como un caballero –dejando que le abra la puerta, le retire la silla y le pague la cena, por ejemplo– pero que también lo apoye cuando él esté estresado. Los hombres por lo general se quejan de que las mujeres comienzan siendo todo sonrisas y en cuanto se termina la etapa de la luna de miel, se pasan el tiempo recriminando, exigiendo y luego cambiando el baremo de sus exigencias. Esto es una generalización, por supuesto, pero lamentablemente encierra algo de verdad. Claro que nosotras nos quejamos también de que ellos cambian a peor, cuando en realidad, seguramente a hombres y mujeres nos pasa lo mismo: que no nos mostramos como somos desde el principio y que pasamos por alto señales importantes acerca del carácter de la otra persona.

Aunque existe la creencia de que a partir de una cierta edad los hombres sólo miran a mujeres más jóvenes y atractivas, he comprobado que existen hombres maduritos interesados en sus congéneres. Es un mito que todos quieren sólo una buena delantera y una cabellera rubia que acariciar. Con la edad los hombres también buscan –como nosotras– aquello que no cambia con el paso del tiempo, como inteligencia, sentido del humor y empatía, por ejemplo.

Un amigo me dijo lo siguiente:

—Cuando empecé a salir con mujeres después de dos años de divorcio, me planteé que a los cuarenta y tantos quizá tendría que bajar mi baremo en cuanto al aspecto físico de mi pareja. Lo que quiero en esta época de mi vida es alguien que, cuando seamos viejos, comparta conmigo conversaciones e intereses. Mis necesidades han ido cambiando a lo largo del tiempo y sé que irán cambiando todavía más.

Otro amigo, José, me dice que está cansado ya de sentir que las mujeres le envían mensajes contradictorios. Se siente utilizado por nuestro género y no sabe cómo cambiar esta situación. Me contó que mantuvo una relación muy agradable con una mujer de su edad –cincuenta y tantos– durante unos meses. Ella se mostró abierta, cariñosa e interesada en él, aunque le contaba sus frustraciones con su ex novio. De hecho, cuando el ex novio la volvió a contactar, dejó tirado a mi amigo justo antes de la Navidad y él quedó muy triste y confundido. Pues bien, un par de meses más tarde el ex novio la dejó a ella, que volvió a escribir a mi amigo y retomaron su romance durante otro par de meses, hasta que ella –de nuevo– volvió con el ex. El resultado es que mi amigo, que es un hombre de éxito profesional, buen padre y un ex marido ejemplar, tiene la autoestima por los suelos. Ya le he dicho que aunque él no sea uno de ellos, también hay hombres que se comportan así con las mujeres.

Procuremos tratar a los hombres igual que nos gusta que nos traten a nosotras, con respeto y con sinceridad. No está bien utilizar a alguien para nuestro propio confort, para no estar sola o por conveniencia, y dejarlo cada vez que reaparece un pretendiente que nos gusta más.

Los hombres piensan que a las mujeres nos va la marcha, es decir, que nos gustan los hombres que nos lo hacen pasar mal, los sinvergüenzas y los inalcanzables. En cierto sentido algo de razón tienen, porque mirando atrás, ¿quién no ha pecado de esto alguna vez? Sin embargo, pienso que es hora de volver a evaluar qué es lo más importante al iniciar una relación. Los hombres agradables, caballerosos y atentos no tienen por qué ser aburridos, y los hombres guapos pero maleducados y que se muestran difíciles de conseguir, no tienen por qué ser más interesantes. De hecho, es al contrario.

Pregúntate si el haber preferido el segundo tipo de hombre en el pasado pudo haber sido por miedo a realmente tener la oportunidad de iniciar una relación de igualdad. Si sabes desde el principio que la relación está abocada al fracaso, ese temor desaparece. Sin embargo, si hay posibilidades de que salga bien, tendremos que enfrentarnos a nuestros propios demonios e inseguridades.

El otro día pregunté a dos amigos solteros y cuarentones cuál era su mayor problema para encontrar pareja. Ambos están apuntados a Match y ninguno tiene novia, pero los dos dicen estar buscando a la mujer con la que compartir su vida. David, por ponerle un nombre, me dijo que lo que menos le gusta cuando mira perfiles de posibles candidatas a novias en Internet, es ver lo que ellas piden.

—No ponen lo que quieren en un hombre, sino lo que no quieren. En cuanto leo que «no quiero un sinvergüenza, un maltratador, un donjuán o algo por el estilo», las descarto enseguida. Eso sólo me demuestra que su anterior pareja fue así, y que siempre me comparará con el cretino que me precedió. Además, da la impresión de que sólo se fija en lo negativo.

Mi otro amigo, Pedro (también por ponerle un nombre), dijo que en su caso le preocupaba quedar con una mujer a la que había conocido por Internet y que resultara que tuviera un ex novio celoso.

—Me ha pasado varias veces que he quedado con una mujer que parecía estupenda, pero que me avisó de que su ex seguía enamorado de ella y que la seguía. Creo que antes de que se lance a buscar otra pareja, la mujer debería de cerrar bien el capítulo anterior. Claro que creo que los hombres deberíamos hacer lo mismo.

La mayoría de hombres a los que pregunto admiten que aunque el físico no es lo más importante, es determinante. Esto no quiere decir que la mujer tenga que ser una muñeca Barbie ni mucho menos. Sólo significa que para llamar la atención de un hombre, éste tiene que sentir que la mujer es físicamente atractiva, ya sea que le gusten gorditas, flaquitas, maduritas o de cualquier otra manera.

A la mayoría de los hombres no les gusta el melodrama, y en cambio casi por naturaleza las mujeres somos dramáticas. Lo bueno es que con la edad y la experiencia, por lo general la tendencia al melodrama va disminuyendo. Una mujer equilibrada es atractiva para los hombres.

Por otro lado hay que tener en cuenta una cosa muy importante y es que por mucho que nos empeñemos en encasillarlos, no todos los hombres son iguales. Es posible que te comportes de la misma manera con dos hombres diferentes, y que a uno le gustes y al otro no. No sólo es posible sino muy probable. Lo importante es discernir qué es lo que tú quieres en un hombre y luego dar con el que además de satisfacer lo que tú buscas, quiere aquello que tú estás dispuesta a dar.

David me decía a colación de eso mismo que no le gusta que las mujeres se empeñen en cambiarlo. Dice que él se muestra tal y como es, pero que la mayoría de sus relaciones no han funcionado porque no ha dado con alguien que no intente cambiar su manera de ser o de vestir, o convertirlo en un hombre completamente diferente.

Por otro lado, hay que recordar que tampoco sirve moldearte tú de acuerdo con lo que crees que quieren los hombres en general o un hombre en particular, para gustarle o para que se enamore de ti. Es bueno hacer lo posible por alcanzar un buen nivel de comunicación, e intentar suavizar tus defectos y ensalzar tus virtudes. Pero cambiar quien eres por completo para satisfacer a otro sólo desembocará en tu propia infelicidad y la sensación de estar más sola en compañía que sin una pareja.

He leído en muchos artículos y libros sobre el amor que los hombres tienden a enamorarse antes en una relación que la mujer. En cambio, curiosamente, somos las mujeres las que aparentemente pedimos más pronto que el hombre nos declare su amor. No hay que presionarlos; no por darles gusto, sino en beneficio de todos. Hay que dejar que una relación transcurra a su debido tiempo y permitir que pase por todos los estados necesarios para que evolucione y se haga profunda y duradera. No tiene sentido forzar la máquina o acelerar acontecimientos, sobre todo a esta edad. Disfrutemos de cada fase de una relación, porque por definición cada fase es única. ¿Por qué no prolongar la fase del enamoramiento, que hace que segregues endorfinas, oxitocina y otras hormonas que mejoran el ánimo y te dan energía? ¿Para qué meterte de lleno en la rutina antes de tiempo, lo cual es el mayor enemigo de una relación?

Si das tiempo y espacio al hombre, y a ti misma, tendréis más posibilidades de forjar una relación fuerte y duradera que si te saltas etapas y de pronto te encuentras conviviendo con una persona que resulta ser muy diferente en la convivencia de cuando sólo salíais juntos.

He visitado un portal web en inglés para hombres de mediana edad divorciados que quieren volver a salir con mujeres o encontrar pareja (www.midlifebachelor.com). Mientras que como mujer me podría resultar en cierta medida insultante, leyéndolo desde el punto de vista de alguien que quiere comprender mejor a los hombres, me pareció interesante.

Como dije al principio de este capítulo, la mayoría de hombres parece pensar que las mujeres estamos como las maracas de Machín. Uno de los artículos en Internet explica cómo prepararse para enfrentar la búsqueda de pareja a partir de los cuarenta y no pinta (para los hombres) una imagen demasiado halagüeña.

Por un lado, avisa al lector de que no logrará nunca comprender a la mujer y que, a estas alturas de la vida, es una tontería intentarlo siquiera. Dice el autor que es mejor estar preparado para los cambios de humor, de opinión y de expectativas a que sometemos a los hombres.

En otro apartado, avisa de que a las mujeres nos gustan los hombres asertivos, los que toman la iniciativa, que tienen un halo de misterio, pero también da esperanzas a los hombres explicando que muchas mujeres a nuestra edad tenemos la suficiente experiencia como para darnos cuenta de que un buen hombre es mejor que un hombre que está bueno.

También dice que hay que tener cuidado con las mujeres con hijos y pide al hombre que no se moleste ni se lo tome a pecho si ella no le presenta enseguida a su prole. Es más, arguye que una mujer que no te presenta de inmediato a sus hijos demuestra integridad y que es una buena madre. Explica al hombre que si no se lleva bien con los hijos de ella, la relación tiene pocos visos de continuar.

Describe a las mujeres por tipología, desde la que sólo busca el dinero, pasando por la religiosa y el ama de casa hasta la que sale de copas. Por último, enumera a la que merece la pena declararse, pero no la describe. Lo que para uno es un sueño mojado, para otro puede ser una pesadilla de mujer.

Lo que pretendo con este capítulo es explicar que los hombres también tienen sus temores y que no todos son los depredadores insensibles que imaginamos.

No todos son unos cerdos misóginos, aunque los hay, y recordemos que muchos tienen a sus espaldas una o más malas experiencias con mujeres –igual que tú las has tenido con hombres– y que es justo tener eso en cuenta.

Una nota de precaución acerca de los hombres que han sido engañados por su ex. He observado que por lo general una mujer está más dispuesta a perdonar una infidelidad que un hombre. Los hombres engañados, si no resuelven su conflicto emocional en una terapia o de alguna otra manera, son más proclives a sospechar de todas las mujeres y a veces a convertirse en el que te engaña o te trata mal. No sé si será para vengarse indirectamente de su ex o de todas las mujeres. El caso es que si conoces a un hombre engañado, te recomiendo que no te tires a sus brazos sin asegurarte de que ha resuelto emocionalmente su ego herido.

Dicho esto, cualquier hombre o mujer que tenga un conflicto emocional sin resolver con su ex debería afrontarlo enseguida para impedir que eso interfiera con su siguiente relación.

Qué queremos las mujeres

El amor es lo único que crece cuando se reparte.

Antoine de Saint-Exupéry

Esto, para los hombres, es una gran incógnita. Dicen que no saben lo que queremos, y lo peor es que aunque arguyamos lo contrario, a menudo no lo sabemos ni nosotras mismas. Como expliqué en el capítulo sobre las diferentes edades del amor, lo que busquemos en una relación dependerá de nuestra situación actual. Aunque suene muy frío lo de hacer una lista de atributos del candidato a pareja, es algo útil y que impide que terminemos de nuevo en una situación incómoda. Así puedes descartar de entrada a cualquiera que no se ajuste a lo que deseas, en lugar de enamorarte primero y darte cuenta después de todos los inconvenientes que tiene el sujeto en cuestión.

No temas discriminar. Se trata de una lista básica, algo por lo que empezar, y que luego puedes ir cambiando o ajustando según pase el tiempo o vayas adquiriendo experiencia o cambiando tu criterio.

Dicen que el amor todo lo puede, pero por desgracia cuando hay grandes impedimentos desde el principio –como el que uno quiera un compromiso serio y el otro no– la relación te traerá más disgustos que alegrías.

¿Qué valores son importantes para ti y te gustaría compartir con una pareja?
- Ideología religiosa o espiritual
- Ideología política
- La forma en que educas a tus hijos
- Libertad personal
- Honestidad y claridad
- Respeto y compromiso

¿Qué cosas no soportarías en una posible pareja?
- Que esté casado o tenga novia
- Que quiera / no quiera hijos
- Que fume o beba alcohol
- Que no tenga trabajo
- Que sea mucho mayor / mucho más joven que tú
- Que tenga / no tenga hijos
- Que gane mucho / que gane poco dinero
- Que sea irresponsable
- Que esté enfermo o que no esté en forma
- Que mienta
- Que ronque
- Que sea infiel
Etc.

¿Qué atributos te gustaría que tuviera tu potencial pareja?

- Que sea atento
- Que sea cariñoso
- Que sea sociable
- Que se lleve bien con su ex mujer
- Que trate bien a tus hijos
- Que te acepte tal y como eres
- Que esté dispuesto a mejorar siempre
- Que esté abierto a la crítica
- Que quiera / no quiera casarse
- Que sea fiel

Etc.

Cosas que prefieres pero que podrías aceptar que no sean así si el resto del paquete merece la pena

- Que tenga hijos de la edad de los míos
- Que nunca haya estado casado
- Que tenga la misma / diferente profesión que yo
- Que sea más mayor / más joven
- Que sea buen bailarín
- Que sea deportista
- Que sea intelectual

Etc.

Ahora, una lista de preguntas que deberías tener a mano y consultar a menudo, para poder poner remedio antes de que sea demasiado tarde. Muchos de los problemas que surgen en relaciones ocurren porque no pusimos remedio desde el principio.

¿Cumple su palabra?

Algo tan sencillo como que te diga que llegará a una hora determinada y que luego no lo haga, sobre todo si es por costumbre, indica que no es una persona en la que puedes confiar.

¿Sientes que te oculta cosas?

No me refiero a los celos infundados. ¿Ocurre a menudo que en tu compañía no contesta cuando le llaman por teléfono? ¿Esconde su móvil o se asegura de que no esté fuera de su alcance? ¿Te cancela citas en el último minuto? ¿Pasan días sin que tengas noticias suyas? Todo esto podría indicar que tiene un lío o una relación con otra mujer.

¿Se le «olvida la cartera» o te pide dinero?

Todos pasamos por dificultades, pero si ya empiezas con este tipo de situación, tiembla al imaginar lo que te espera más adelante.

¿Echa siempre la culpa a los demás de sus problemas?

Si te dice que su ex mujer está loca, que su jefe es un neurótico, que sus amigos no le entienden, y que si no fuera por eso, su vida sería perfecta, sal corriendo. Una persona madura asume la responsabilidad de lo que le toca vivir en la vida. Y si no, al menos toma acción.

¿Reacciona de forma violenta o explota por cualquier pequeñez?

Si además, luego te viene pidiendo perdón pero al poco tiempo repite, o se justifica arguyendo que tú lo provocaste, no lo pienses dos veces y termina la relación cuanto antes. Así empiezan los casos de malos tratos y no exagero un pelo.

¿Te dice que te ama desde el primer día?

Tan malo es eso como que no muestre sentimiento alguno. Cuando alguien de cierta edad tiene excesiva prisa en casarse, vivir contigo o amarte, posiblemente se trate de alguien con inseguridades o problemas sin resolver.

¿Se muestra celoso?

¿A quién no le halaga una ligera actitud posesiva por parte de un hombre que le gusta y más aún si es su pareja? Eso es algo natural. Lo que no es normal ni deseable es que te acuse de mirar a otros hombres, de vestir provocativa o incluso que te prohíba salir con amigos. A la más mínima sospecha de que se trata de un hombre celoso, déjalo ipso facto.

¿Tiene una adicción?

Ya se trate del alcohol o de pastillas para dormir, que sea un jugador, o cualquier otra cosa, por muy atractivo que te resulte o por muchas otras cualidades que tenga, si te das cuenta de que es adicto, mejor no sigas. Sufrirás y mucho.

¿Es irresponsable?

Si falta al trabajo sin motivo, se olvida de pagar las facturas, no le pasa dinero a su ex, presenta la declaración de la renta fuera de plazo, llega siempre tarde, etc., no creas que cambiará. Si a estas alturas de la vida no es responsable, ¿cuándo?

Las listas y preguntas anteriores son sólo un ejemplo y tú puedes elaborar tus propias preguntas basándote en tu experiencia y en la de tus amigas o conocidas.

Las mujeres sabemos perfectamente cuándo una situación o una persona no es recomendable. A veces lo sabemos intelectualmente y otras veces es a través de la intuición. Lo que pasa es que, al menos hasta el momento, a menudo hemos ignorado esas señales porque interferirían con nuestro deseo de estar en pareja. Además cuando permitimos que la relación pase al terreno sexual, esto hace que segreguemos oxitocina, endorfinas y otra serie de sustancias químicas y hormonas que provocan ese estado de euforia que nos hace sentir que estamos enamorados, y entonces se hace más difícil interrumpir una relación. De ahí que a veces nos involucremos con hombres que no están disponibles (hombres casados, hombres que no están dispuestos a establecer un compromiso serio, hombres que viven en otra ciudad u otro país, etc.), pensando que será algo «pasajero» y que luego no seamos capaces de desligarnos tan fácilmente.

En el libro *Why Him? Why Her?* (¿Por qué él, por qué ella?), de Karen Fisher, la consejera de Chemistry.com que está ligada al portal de Match.com, explica que a menudo las personas se enamoran basándose en su tipología de carácter. Ella define cuatro tipos: el negociador, el director, el explorador y el constructor. Cada uno de ellos tiene una mayor cantidad de determinadas hormonas y de neurotransmisores y esto define su comportamiento y su actitud ante la vida y, en este caso, ante el amor. Según Fisher, si consigues saber tu tipología basada en la química cerebral, tendrás mayores probabilidades de encontrar una pareja compatible, mientras que conozcas su tipología. Por otro lado, Fisher explica que para enamorarse hay que estar predispuesto a ello. Si te encuentras en un momento de apertura mental y emocional y además conoces a la persona que

huy, ¡como yo!), admite que nunca se ha casado ni
…samiento de hacerlo por ahora, arguye que la fina-
…salir con un hombre es que te proponga el matri-
…El propósito del libro es ayudarte a conseguir que
…s de un año conozcas a un hombre y te ofrezca un
…compromiso, como si eso por sí solo fuera garantía
…lad o de una relación saludable. No te dejes llevar
…e te dicte la sociedad en la que vives, tu familia o
…Posiblemente tu intención no sea casarte por se-
…z o ni tan siquiera por vez primera. El libro que
…explica que es importante que no vivas con tu pa-
…star casada porque en tal caso, nunca te pedirá que
…on él. Pero… ¿y si la que no quiere casarse eres tú?
…lado, quizá no quieras vivir con él tampoco pero sí
…na relación de pareja.

…nviví con alguien durante muchos años y luego es-
…da, también durante varios años. Puedo asegurar
…ue la boda es una ceremonia preciosa y emotiva y
…onito declararse amor delante de familia y amigos,
…rantiza una relación satisfactoria para el resto de la

…samente en Estados Unidos la gente considera
…ortante casarse, pero son igualmente rápidos en
…se y casarse otra vez, y en divorciarse y casarse otra
…ás fácil burocráticamente casarse que divorciarse,
…do –y por otro– cada uno que viva como quiera si
…daño a nadie y sobre todo a sí mismo. Conozco
…e conviven felizmente durante décadas sin un pa-
…do. Y también parejas muy infelizmente casadas
…e divorcian por el jaleo que supone la separación.
…mbiaría por el segundo tipo de pareja.

despierta en ti determinadas reacciones químicas, entonces te enamorarás. No podemos culpar a otro de que no se enamore de nosotras cuando así lo queremos, aunque también parece ser que saber que alguien nos ama a veces engendra sentimientos recíprocos.

El sitio en Internet para encontrar pareja llamado Chemistry.com, basa las relaciones interpersonales sobre este modelo. Cuando el candidato o candidata al amor se apunta al sitio, ha de responder una serie de preguntas que determinan su tipología predominante, y a diferencia de Match.com, donde uno libremente escoge con quién comunicarse, Chemistry.com es quien hace la selección y te envía cada cierto tiempo una lista de candidatos a los que tú puedes aprobar o no. En el primer caso, si el interés es mutuo, se pasa a una segunda fase en que se responde una serie de preguntas que hace el otro, y la tercera fase sería una llamada telefónica seguida de un encuentro en persona. Chemistry pide que al final del proceso, los participantes den su opinión acerca de su experiencia. En el caso de que no haya sido positiva, se supone que procuran afinar mejor cuando envían el perfil de los próximos candidatos. Esto, desde luego, dista mucho de la manera en que se conocieron nuestros abuelos e incluso nuestros padres, pero hay muchas historias de éxito en este tipo de sitio de Internet. Eharmony es otro lugar popular en Estados Unidos, y quienes se apuntan a este servicio también han de rellenar un largo cuestionario, y en teoría la intención de los miembros del sitio es llegar al matrimonio, o al menos a una relación estable.

Hace poco leí en una novela que a partir de una cierta edad, un hombre es un buen partido si no es un borracho, si no está en la ruina, y sobre todo ¡si está vivo! No creo que debamos conformarnos con tan poco, pero tampoco creo que tengamos que poner el listón tan alto que sea imposible de alcanzar. Por otro lado es importante darse cuenta de lo siguiente: el hecho de que tú y tu ex marido no pudierais soportaros al final de la relación no significa que ambos por separado no podáis tener una relación feliz hasta el fin de vuestros días con otra persona. Dicen que un alma gemela no es una persona perfecta pero sí es la persona perfecta para ti. Posiblemente a la ex de tu actual novio le fastidiara que él pasara las tardes escribiendo cuentos de miedo y que tuviera celos de su ordenador. En cambio a ti te puede parecer fascinante que él sea creativo, porque además a ti te gusta leer cuentos de miedo, o simplemente también tengas una inclinación artística. A mí me gusta que mi pareja tenga la capacidad de estar solo y disfrutar de su soledad, porque a mí también me gusta la soledad y no podría estar con alguien que no me lo respetara. En cambio a otra mujer le puede parecer que un hombre la rechaza cuando le pide «espacio».

La ex de una de mis parejas me contactó para avisarme de los defectos de mi novio cuando llevábamos juntos un tiempo, y lo que ella me describía como defectos yo los veía como virtudes. Con esto te sugiero que no descartes a un hombre porque se llevó mal con otra persona. Tu carácter y el suyo pueden ser compatibles de manera que su carácter y el de su ex no lo eran.

Lo importante es no dejarse cegar por las ganas de tener una pareja y evitar conformarse con lo que sea y por otro lado no magnificar cada uno de sus defectos, porque en tal caso, perderás siempre.

Algo importante y de lo que bién es que te asegures de dart si es o no el hombre adecuado tunidad de conocerte y tambi no la mujer adecuada para él.

Últimamente he leído algur trar pareja, que me han dejado de ellos estaba escrito por un h es que la mayoría de hombres roer» y explica a la mujer trucos incluyen encontrarle el punto solapada. Así, explica el autor, trol y dominarlo, y que ni se contigo. Los puntos débiles de son por lo general su calvicie, pene y su estatura. Me quedé p pararse para atacar a tu pareja es que andas en mala compañí abordar las relaciones y las inte manera abierta y sobre la prem bueno. Me explico: pensar qu tontería, pero tampoco se pue que todos los hombres son und que intenten engañarte, es mo pero no vayamos con la escope cita. ¿Qué dice eso de nosotras desconfiadas y que estamos ta nen.

Otro libro que leí sobre có escrito por una mujer, que por «celestina», de alto nivel. Aunqu

Por tanto, cuando leas libros o artículos sobre cómo cazar marido, primero pregúntate si realmente quieres «cazar marido». La finalidad de una relación debería ser tener un proyecto en común y ayudarse mutuamente a resaltar lo mejor de cada uno. Una pareja saludable es un equipo y no dos personas que se manipulan la una a la otra para conseguir lo que quieren por separado. Claro que también hay que mantener la individualidad dentro de la pareja, eso es de lo más saludable, pero sin caer en el egoísmo.

Mi amiga Paola, que tiene treinta y cinco años y es soltera, me preguntaba el otro día que por qué creo que sólo atrae a hombres casados que quieren tener un lío con ella. Dice que no hay solteros caballerosos y que si los hay, a ella no le hacen caso. Durante nuestra conversación se me ocurrió el porqué. Paola es de las que tiene una lista tan rígida de lo que quiere en un hombre, que es difícil que encuentre alguien que reúna todas las cualidades que exige. Por otro lado, trabaja en un centro de belleza donde los clientes son mayormente mujeres. Se niega a probar los sitios tipo Match.com en Internet, porque dice que ella no tiene por qué mendigar el amor de nadie. Entonces le dije que, por un lado, se está cerrando las puertas porque en su vida diaria tiene pocas oportunidades de conocer hombres. Por otro lado, Paola se muestra cerrada y agresiva con los hombres solteros ya que piensa que «todos andan buscando lo mismo» y no les da una oportunidad. En cambio, no ve peligro en los hombres casados y con ellos es abierta y amigable. Entonces, los casados terminan por perseguirla, porque se sienten cómodos con ella. Al principio disfruta de la atención del casado, se dice que es sólo un amigo y cuando se da cuenta de que él quiere algo más, entonces su idea inicial de que todos los hombres son unos cerdos se reconfirma y comienza el ciclo de nuevo.

Le expliqué que desde fuera se veía perfectamente ese ciclo y al darse cuenta ella misma de que era así, me dijo que iba a intentar ser más abierta con los solteros y que también iba a probar algún sitio en Internet para conocer pareja. Es una mujer religiosa y por tanto se planteó buscar en un sitio para personas católicas. ¿Por qué no? Es que en realidad en la vida siempre nos estamos vendiendo –la diferencia es que por Internet puedes explicar desde un principio qué es lo que quieres–, desde amistad hasta una relación seria con la persona adecuada.

Para concluir, para tener éxito encontrando pareja, primero tienes que saber qué quieres en ese terreno. Si no sabes lo que quieres, ¿cómo vas a conseguirlo? Esto es aplicable a todos los aspectos de la vida, claro. Usa tus relaciones anteriores para sacar conclusiones acerca de tus tendencias sentimentales y como trampolín para despuntar en esa área de tu vida. Además, cuando tus relaciones van bien, todo lo demás empieza a ir mejor también.

El terreno de juego

A cierta edad, un poco por amor propio, otro poco por picardía, las cosas que más deseamos son las que fingimos no desear.

MARCEL PROUST

Si lees otros libros sobre cómo tener éxito en las relaciones sentimentales verás que están repletos de reglas. Antiguamente las personas se conocían a través de amigos o familiares, normalmente vivían en el mismo pueblo o ciudad y era fácil saber su pasado. Por tanto, el único requisito era sentir atracción mutua. Hoy en día, y sobre todo cuando hablamos del terreno de juego para personas de mediana edad y que tienen ex e hijos, hay mil y una reglas sobreentendidas.

Algunas de ellas son:

No mostrar excesivo interés en la otra persona si te gusta en la primera cita.

No llamar jamás a tu pretendiente hasta pasados al menos tres días desde la primera cita.

Esperar por lo menos tres meses para tener sexo.

Esperar al menos un año desde tu divorcio, o su divorcio, para entrar de nuevo en el terreno de juego.

Esperar un año, o a saber que es «el indicado», para presentarle a tus hijos.

Ofrecer pagar tu parte cuando salís juntos la primera vez, pero si él acepta que pagues, entonces no volver a verlo porque ha demostrado no ser un caballero.

No permitir que pague la cena o las copas, para que no piense que te acostarás con él.

Salir con varios hombres al mismo tiempo, sin comprometerte con ninguno. (Lo cierto es que no sé quién tiene tiempo ni energía para hacer esto.)

Creo que estas reglas se difunden por algún motivo y que en algunos casos pueden ser válidas. Pero no sirven como patrón general. ¿Por qué? Porque cuando conoces a tu alma gemela las reglas genéricas no sirven. Imagínate que sales con alguien que te impacta, con quien sientes que tienes química. No te llama en tres días porque está siguiendo las «reglas». Entremedias te contacta otro fulano para salir al cine. Este fulano no está nada mal tampoco y resulta que te llama al día siguiente de haber salido juntos para pedirte una nueva cita. Es posible que ya sea tarde para el candidato anterior, con el que posiblemente hubieras congeniado.

Por otro lado en el caso de que tú te hagas la desinteresada, cuando te derrites por un hombre y te encantaría volver a verlo, si es una persona sensible y tímida, posiblemente él no vuelva a contactarte si no percibe interés por tu parte.

Lo de esperar hasta tener el primer encuentro sexual es algo a tener en cuenta, pero la cantidad de tiempo creo que depende de la pareja. Puedes acostarte con alguien el primer día, tener un noviazgo estupendo y un matrimonio aún mejor. Y puedes no acostarte con alguien hasta el día de la boda y terminar en un gran desastre porque resulta que no sois compatibles en la cama. Además, resulta que el sexo con orgasmo desencadena en la mujer una serie de hormonas y sustancias químicas como la oxitocina y las endorfinas.

Cuando tienes un orgasmo junto a un determinado sujeto, puedes llegar a sentirte «enganchada». Por eso muchas mujeres terminan, o terminamos, con un hombre que nos hace la vida miserable pero que, sólo el verlo, nos pone a cien. Estos son los hombres que hacen lo que quieren con nosotras. Es una cuestión química y la única manera de evitarla o de romper el ciclo es no ver a la persona más y sobre todo no acostarte con ella. Es igual que romper cualquier otra adicción –el alcohol, las compras compulsivas, el ejercicio excesivo–. La resaca de este tipo de adicción amorosa a un hombre que no te conviene es emocional y más duradera que la del alcohol. Por eso es que rara vez un revolcón en la cama se queda en sólo eso. Uno de los dos (normalmente la mujer) termina por sentir atracción o enganche hacia el otro, en especial si el sexo ha sido satisfactorio. Ya puede ser un cretino, que la biología no sabe de esas cosas. Pero para eso, tenemos el cerebro. ¡Sólo hay que usarlo!

Lo de no presentarle a tus hijos hasta estar segura de que es tu alma gemela entiendo que lo dicen porque hay personas que presentan indiscriminadamente una serie de ligues a sus hijos y esto puede confundirlos y desestabilizarlos. En cambio si lo que buscas es una relación seria y de convivencia, lo mejor que puedes hacer es presentarle a tus hijos más bien antes que después. No es preciso que lo presentes como tu novio oficial. Simplemente di que es un amigo y no te muestres cariñosa con él delante de tu prole. Cuanto antes descubras si se llevarán bien o no, mejor. Por muy estupendamente que os llevéis estando solos, no hay nada como pasar tiempo con sus hijos y con los tuyos para saber si tenéis futuro juntos.

Lo de salir con varios al mismo tiempo puede estar bien en la fase de tanteo. No me refiero a tener varias parejas, sino tantear candidatos, igual que cuando buscas trabajo mandas tu currículum a varios lugares o cuando quieres publicar un libro envías el manuscrito a más de una editorial. Es posible que en la primera cita no sepas otra cosa salvo si te apetece verlo una segunda vez y viceversa, pero siempre sabrás si NO quieres verlo. Si quieres dar una verdadera oportunidad a una relación, entonces mi recomendación es salir con una sola persona y no gastar tiempo y energía en varias. ¿A ti te gustaría que hicieran eso contigo?

Esperar un año o más después del divorcio para empezar a ver a otras personas está bien sobre todo si la separación y el divorcio son traumáticos. Siempre hay que dar tiempo para sanar el dolor de una ruptura, no importa quién la haya iniciado. Y sobre todo si hay hijos, es mejor estabilizarse primero, tanto logística como emocional y económicamente antes de ponerte a buscar otra pareja. Eso no significa que haya personas que no estén preparadas antes de ese tiempo reglamentario. Quizá en tus últimos años de matrimonio llevarais vidas separadas. Posiblemente conozcas alguien tan especial que no debas esperar tanto tiempo. La vida son dos días y uno, llueve. Pero no te abalances sobre alguien sólo como remedio a la soledad o la desazón. Aun así, si lo haces y sale mal, en todo caso te ha servido de experiencia y de muestra de lo que no quieres en tu vida.

¿Dónde está el terreno de juego en esta etapa de la vida? ¿Dónde se conocen las personas separadas, divorciadas o simplemente de más edad? Si tienes un *hobby*, apúntate a clases, ya sea de baile, de dibujo, fotografía o cualquier otra cosa. Procura hacer saber a tus amigos, conocidos y familiares que estás disponible. Claro que esto puede traerte chascos, pero normalmente la gente está encantada de poder presentarte potenciales novios. Por otro lado, la gente que te presenta tu círculo de amigos se supone que es de confianza. Se supone, claro, porque nunca se sabe, pero vamos a pensar que sí.

Si tienes hijos en edad escolar o en la guarde, recuerda que puede haber otros papás separados o divorciados. No es que estés a la caza y captura en cualquier sitio, pero no temas hablar con los papás solteros o divorciados.

Muchas personas de nuestra edad utilizan los servicios de lugares en Internet tipo Match, a lo cual dedico un capítulo entero. Es una manera más de conocer personas fuera de tu ámbito habitual y muy práctico para personas que no tienen tiempo, dinero ni ganas de pasarse las tardes tomando clases o saliendo a cenar con amigos. Tiene sus pros y sus contras y su protocolo, pero la mayor ventaja es que te abre las puertas a conocer personas con las que normalmente no interactuarías y amplía tus horizontes. La mayor desventaja es que no sabes nada de la persona salvo lo que te diga ella, y hay que tomar ciertas precauciones cuando sales en las primeras citas sobre todo. Aunque esto debería ser así siempre.

La realidad es que no importa dónde conozcas a tu potencial pareja ni que sigáis o no las «reglas» del terreno de juego, porque si la atracción es mutua y sois capaces de comunicároslo el uno al otro, eso será lo que determine que iniciéis una relación de pareja.

Variantes del terreno de juego –
Los hijos

A los treinta y tantos años o más, lo más probable es que tanto tú como tu nueva pareja tengáis hijos. También es posible que sólo uno de los dos sea padre o madre o que –cada vez se da más el caso– que ninguno de los dos tengáis hijos.

En mi primera relación seria en la que conviví con mi pareja durante casi ocho años, él tenía una ex mujer y dos hijos de corta edad. En la segunda relación seria –mi matrimonio– fuimos padres por vez primera juntos. En la tercera, después de mi divorcio a los cuarenta y seis años, ambos teníamos hijos de relaciones anteriores. Por lo tanto, tengo experiencia variada en este sentido, y lo que sigue en este capítulo lo baso tanto en lo que aprendí de primera mano, como en lo que he leído y lo que me cuentan amigos y conocidos. Además, mi padres se divorciaron, y mi padre se volvió a casar y tuvo más hijos, así que también tengo experiencia como hija y hermana.

En la primera relación que menciono anteriormente yo era muy joven; tenía veintitrés años y entonces me encontré con dos nenes que tenían entonces cinco y siete años respectivamente. Desde niña me dije que quería ser madre joven y que si a los veinticinco no había ocurrido, ya no tendría hijos, porque no quería ser una madre «mayor». Pero la vida es algo que ocurre mientras tú haces tus planes y los acontecimientos se dieron de otra manera. El caso es que mi pareja de entonces, al que llamaré Martín, no quería tener más hijos y en aquel momento yo me resigné a ello. Sus hijos pasaban parte del verano con nosotros, algunas fiestas, y –como les toca a muchos padres– un fin de semana cada quince días. Tuve la suerte de que eran dos muchachos que se comportaban y posiblemente la suerte de que fueran niños (dicen que las niñas son más celosas de las novias de sus padres divorciados). Por otro lado, yo tenía la experiencia de ser hija de padres divorciados y criada sólo por uno de ellos sin la presencia del otro. Martín era de los que no permitía a sus hijos hablar de su ex y se ponía malísimo cuando los niños lloraban por la noche porque añoraban a la mamá. Yo entraba en su habitación y les contaba cuentos y les explicaba que era normal echar de menos a su madre, pero que tenían mucha suerte de tener cerca a ambos padres.

Quizá al no tener la carga emocional que tenía él con su ex, yo era capaz de ver lo importante que era para sus hijos sentir que no sólo no tenían que competir con mi cariño, sino que me tenían a mí como confidente, amiga y punto de apoyo, además de a sus dos padres. No quería que ellos entraran en el mismo conflicto que tuve yo con la mujer de mi padre. Sé que en muchos casos, el problema mayor puede ser que el niño o la niña tenga celos de la nueva novia o esposa, y por el contrario, que la mujer tenga celos del hijo o hija de su pareja. En tal caso recomiendo leer todo lo posible sobre el tema, conversar con otras personas en una situación similar o con un terapeuta, y claro, con la pareja.

En mi caso el resultado de aquella relación con Martín fue que sus hijos siguen siendo mis amigos. Ya son adultos de treinta y tantos años, vinieron a mi boda y hasta hoy me siguen agradeciendo gestos que tuve con ellos en su niñez. Es el mayor halago que he recibido en toda mi vida de personas con las que habitualmente se tienen conflictos. También le debo a Martín el darme plena autoridad sobre sus hijos delante de ellos. Siempre les dijo que mi palabra valía tanto como la suya, y creo que eso juega un importante papel en tu relación con los hijos de tu pareja. Por otro lado, también yo puse de mi parte para realizar actividades con ellos, para ayudarlos en sus tareas y para equilibrar la exagerada disciplina, en mi opinión, que su padre tenía con ellos.

Cuando me casé, fue con alguien algo menor que yo, y entre nuestros proyectos estaba formar una familia. Lo dejamos claro desde el primer día, ya que en mi caso sabía que no quería iniciar una relación con alguien que no quisiera tener hijos. Eso ya lo había hecho y, aunque los hijos de Martín eran estupendos conmigo, yo quería la experiencia de criar un bebé hasta que fuera adulto, y si era hijo o hija mía biológica, mejor aún. Estaba, de hecho, dispuesta a adoptar si era preciso, pero no lo hicimos, porque mis hijas se concibieron y nacieron de manera natural.

Muchas personas tienen hijos con el ánimo de crear una relación más cercana, y no se dan cuenta de que a veces los hijos desunen. Esto puede ocurrir porque los miembros de la pareja no tenían una relación lo suficientemente fuerte para empezar, y segundo, porque no son conscientes del trabajo mental, físico y emocional que supone tener un hijo, sobre todo en la fase inicial y de adaptación a la paternidad. Tuvimos hijos porque los dos queríamos tenerlos y porque era nuestro proyecto de pareja. Es una experiencia inigualable el mirar el rostro de una persona a la que amas y con quien has concebido el hijo que acaba de nacer. Recuerdo llorar de alegría juntos. Como me había preparado a conciencia física, intelectual y emocionalmente para tener hijos, asumí la mayoría de decisiones acerca de la alimentación de los bebés, de cuándo y cómo irían a la guarde o al colegio, de sus actividades extracurriculares; en fin, de todo. Pero aunque son hijas comunes, su padre y yo teníamos a veces diferencias de opinión en cuanto a su cuidado y disciplina y, después del nacimiento de cada una –sobre todo de la primera– el padre se sintió desplazado en mi corazón y en mi atención por las niñas. Mientras que es natural que la madre se vuelque sobre el bebé cuando nace, creo que es importante que ambas partes se preparen bien para ese momento y para fortalecer la relación antes de que nazcan los hijos en lugar de esperar a que sea demasiado tarde. Eso lo elaboro en mi libro *Estoy embarazada, ¿y ahora qué?*

Los hijos no fueron el motivo de la desunión con mi ex marido, y sí el motivo por el que mi matrimonio durase unos cuantos años más de lo que yo hubiera elegido en caso de no ser padres. Siendo hija de un divorcio para mí traumático, no quería que mis hijas pasaran por tan mal trago. Y así fue que nuestras hijas me llevaron a buscar terapia de pareja, seminarios y a probar innumerables métodos para mantener mi matrimonio. Un día leí en una novela lo siguiente: «y [ella] se dio cuenta de que haciendo lo correcto para ella, hacía lo correcto para su hijo. Si todas las madres fueran conscientes de esto…» y al día siguiente me separé.

Mantengo una relación cordial y amistosa con el padre de mis hijas, y posiblemente eso sea el secreto de que las niñas no muestren las señales de depresión y de tristeza que mostramos mi hermana y yo cuando nuestros padres se separaron.

En todo caso, a partir de convertirme en una mujer de cuarenta y tantos años separada y con hijos, pensé que sería prácticamente inimaginable volver a tener una pareja. No veía imposible conocer alguien compatible conmigo, pero ¿involucrar a mis hijas? Eso me parecía algo que sólo puede pasar en las películas. El hecho es que no es tan fácil estar en esa situación. Mi amiga Carolina y su novio Manuel, que llevan viviendo juntos cuatro años, están pensando en separarse porque no soportan a los hijos del otro. Además sus valores son muy diferentes, así como sus formas de disciplinar y tratar a sus respectivos hijos. Carolina busca excusas para irse de la casa cada vez que los hijos de Manuel vienen a pasar el fin de semana. Tampoco puede contar con Manuel para que cuide de sus hijos cuando ella necesita una canguro, y antes me lo pide a mí que al hombre que convive con ella.

En el caso de que uno de los dos tenga hijos en edad adolescente y el otro tenga hijos menores o bebés, la diferencia puede ser más dificultosa aún. A los problemas que surgen de por sí entre dos personas, hay que sumar la tensión y el conflicto que puede causar el que a un hijo no le guste la pareja del padre o de la madre, o viceversa. Si los hijos de ambos llegan a tener que vivir juntos, puede ser una maravilla o un desastre para todos. Se requiere una gran destreza como persona, como padre y como pareja para que este tipo de situación familiar –que cada vez es más común– se lleve a cabo con éxito.

Claro que no hay soluciones absolutas, y además, cada caso es un mundo aparte. Entran en juego tantos factores que puede producir angustia sólo el pensarlo; si creías que lidiar con tu ex suegra era terrible, piensa que ahora tendrás que lidiar con ella de cuando en cuando (es la abuela de tus hijos), con tu ex, con tu actual pareja, sus hijos, los tuyos y con su madre y con su ex.

He dicho que es difícil pero no imposible. Mi actual pareja es padre de un niño que está justo entre las edades de mis dos hijas. Además, nuestros valores y nuestra forma de criar a los niños era ya muy parecida antes de conocernos. Los dos somos escritores, y no vemos televisión. Elegimos cuidadosamente y medimos el tiempo que nuestros hijos –juntos y por separado– ven televisión o juegan con el ordenador. Somos lectores y disfrutamos llevando a los niños a hacer actividades al aire libre. Y, por el momento, los niños se llevan como si fueran hermanos. Es decir, que un momento se adoran y juegan estupendamente y al minuto siguiente se pelean por un juguete o se chivan el uno del otro. Ambos hemos dado al otro autoridad sobre los niños delante de ellos y confiamos el uno en el otro. Esto no significa que algunos días yo no sienta que él tiene menos paciencia con su hijo que con las mías, o que a mí me pase con el suyo. Tampoco significa que lo tengamos todo resuelto. Si con el padre de mis hijas tengo diferencias de opinión en cuanto a permisos y disciplina, es normal que las tenga con quien no es el padre.

En el caso de tener hijos, y sobre todo si son de corta edad, es importante no jugar con su corazón. Tú tienes todo el derecho de hacer lo que quieras con el tuyo, pero no es justo para ellos involucrar a tus pequeños en tu vida amorosa, sobre todo si es un sube-y-baja. Claro que no vas a esperar al día de tu boda (si decides casarte de nuevo) a presentarles a tu nueva pareja, pero tampoco es aconsejable presentarles a cada persona con la que sales hasta que pienses que hay posibilidad de algo serio. Naturalmente que te puede ocurrir que tu novio te diga que vais en serio, que se lo presentes a tus hijos, y que luego te deje; eso no lo puedes controlar. Pero sí puedes evitar que se encariñen el uno del otro y pase sucesivamente hasta que encuentres al hombre de tus sueños. Cuando te has separado una vez, has de tener cuidado de que tus hijos no sufran otra separación poco después.

Dicho eso, es aconsejable que tus hijos y tu pareja se conozcan relativamente pronto, sin necesariamente decirles que es tu novio, porque así podrás ir descubriendo si hay química entre ellos y si cabe la posibilidad de una relación familiar.

Algunas de las cosas que he aprendido como hija de padres que se han vuelto a casar, como pareja de alguien con hijos, y como madre:

Presenta a tu pareja como un amigo y deja que los niños sean los que vayan dándose cuenta de que hay algo más entre vosotros. Si te preguntan, explícales que sois novios si es el caso y también diles que no va a reemplazar a su padre.

Tanto si tienes una buena relación con tu ex como si no, explica a tus hijos que tienen suerte de teneros a los dos (si es el caso), y de tener a una tercera persona que se preocupa por ellos.

No desautorices a tu pareja delante de tus hijos. Dale la misma autoridad que puedas tener tú. Si no te fías de él en ese sentido, entonces quizá deberías replantearte la relación.

Procura no tener celos de los hijos de tu pareja. Si los sientes, habla de ello, ve a terapia o toma acción para mejorar tu autoestima. Si no eres madre quizá te cueste algo más compartir a tu pareja con sus hijos, y si eres madre seguramente comprendas que el amor más incondicional que existe es el de un padre hacia un hijo. Es diferente del amor que se tiene por una pareja. No hagas elegir a tu pareja porque saldrás perdiendo siempre y, además, es natural.

No obligues a tus hijos a que les guste tu pareja. Por lo general, si les das tu atención y se dan cuenta de que él no los está reemplazando y que en cambio tú eres feliz, lo aceptarán. Si tu relación es tumultuosa y ellos se dan cuenta, no esperes que lo acepten sin más. Pero en tal caso, seguramente tú tampoco deberías aceptarlo.

Procura realizar actividades con los hijos de tu pareja sin él y que él comparta tiempo con los tuyos. Pasar tiempo con cada hijo por separado, y con todos juntos es importante. Así todos llegan a conocerse mejor y además las relaciones serán mejores que si todos hacen todo juntos siempre o cada adulto se limita a pasar tiempo con sus propios hijos.

En estos casos la comunicación es vital. Procura no recriminar a tu pareja por cosas que hagan sus hijos. Si te hacen un desplante, cálmate y procura comentarlo de una manera relajada.

Recuerda que los niños son niños. Enfrentada a comentarios tipo: «tú no eres mi madre» y cosas por el estilo, intenta ponerte en su lugar. Asegúrales que tú no quieres suplantar a su madre ni tampoco les vas a robar el amor de su padre. Cuando los niños escuchan esto de tu boca, se suelen relajar.

Ten en cuenta que los niños no han elegido a tu pareja ni a sus hijos. Tú has elegido a tu pareja pero no a sus hijos. Esto es algo que se puede abordar y subsanar, pero con muy buena disposición, teniendo la mente abierta y estando dispuesta a llegar a compromisos siempre.

Variantes del terreno de juego –
Tu ex y su ex

Como digo en el apartado anterior, tú has elegido a tu pareja y él a ti, pero seguramente no contabas con la ex que trae a cuestas. Su hijo es una extensión suya y ya cuentas con tener que lidiar con él. Pero ese hijo en la gran mayoría de casos, tiene también una madre. A menudo se tratará de una persona normal que tenga una buena relación con tu pareja y que sea lo suficientemente madura como para no entrometerse en vuestra relación. Sin embargo, también te puedes encontrar con el caso de que su ex tenga cualquier desequilibrio mental o emocional, o bien que siga enamorada de él aunque se separaran hace años, o que esté tan resentida que sea capaz de hacer cualquier cosa para arruinarle la vida ahora. También es posible que tengáis que lidiar con tu ex, que es quien, cuando descubre que tienes una nueva pareja, decide poner a los niños en tu contra o bien tiene celos porque piensa que tu novio lo reemplazará a los ojos de los niños. En cualquier caso, el ex o la ex es alguien que de alguna manera formará parte de tu vida, ya sea de lejos, de cerca, para bien o para mal, y cada caso requerirá que estés a la altura de las circunstancias, por el bien tuyo, el de tu pareja y el de los niños de ambos.

Es importante prepararse mental y emocionalmente para abordar este tipo de situación incluso antes de que se presente. Es ridículo pensar que a estas alturas del juego de la vida una potencial pareja o alguien que ya es tu pareja no vaya a tener hijos, una ex y todo lo que ello conlleva. En mi humilde opinión, cuando inicias una relación sentimental en la madurez, hay que estar dispuesta a aceptar a la persona con todo lo que trae consigo. Mi amiga Lucía a veces me llama porque está enfurecida con su novio, que vive con ella (entre los dos tienen cinco hijos de sus anteriores parejas), para contarme las cosas tan horribles que hacen los hijos de él o su ex. Claro que cuando ella lo conoció, él ya tenía esos problemas, pero como estaba tan «enamorada» todo parecía salvable. En cambio ahora le parece que «no es problema suyo» y que él debería llevar por completo la carga de su ex y de sus hijos. No lo encuentro justo. Otra cosa sería que él le hubiera ocultado que tenía ex mujer e hijos, pero si de antemano sabes qué tipo de equipaje trae tu nueva pareja, sería justo que le ayudes a acarrearlo. ¿O tú no esperas que él te acepte a ti con tus hijos y con tu ex?

No defiendo que haya que «tragar» con todo tipo de situaciones desagradables, así porque sí. Hay gente que lleva unas maletas muy pesadas, llenas de resentimiento, frustración, enojo y más. No es lo que llevas en tu equipaje sino cómo lo manejas lo que diferencia a alguien que permite que su pasado influya en el presente de manera negativa de otra persona que puede haber pasado por situaciones difíciles pero es capaz de aprender de ellas y seguir adelante.

A partir de los treinta y tantos y los cuarenta años, ¿quién no tiene un cúmulo de experiencias de todo tipo? Lo importante es estar dispuesta a poner el resultado de esas experiencias sobre la mesa y no barrerlas debajo de la alfombra. Recuerda que de nada sirve no afrontar desde el principio los temas que os conciernen a ambos, ya que tarde o temprano saldrán a relucir. Si no quieres soportar la presencia de una ex y de los hijos de tu pareja, entonces no inicies una relación con él. Naturalmente hay ocasiones en que las cosas parecen de una manera al principio y sólo con el tiempo te das cuenta de cómo son en realidad. La ex mujer que parecía razonable y normal, después de conocerte puede convertirse en tu peor pesadilla. El efecto que esto tenga sobre ti y sobre tu relación sentimental dependerá de varios factores, que incluyen el que tu pareja y tú tengáis un sentimiento de complicidad y de equipo, lo cual siempre ayuda a afrontar cualquier situación o problema juntos.

Si un hombre habla mal de todas sus anteriores parejas, en cambio, eso puede ser señal de que el problema lo tiene él. «La única que me entiendes eres tú», puede convertirse más adelante en «eres igual que todas las demás». Si, por otro lado, su ex realmente le hace la vida imposible, le intenta sacar dinero, pone en su contra y en tu contra a los niños y observas que en el día a día él se comporta de manera normal, entonces puedes pensar que el problema lo tiene ella. En toda historia sentimental siempre hay al menos dos versiones y merece la pena que intentes ser lo más imparcial. Procura, sin embargo, no convertirlo en un melodrama. De poco sirve que te dejes llevar por una ex que intenta comunicarse contigo para avisarte de «cómo es él en realidad», para evitarte el sufrimiento. A menos que se trate de una situación de violencia doméstica, en cuyo caso lo lógico sería que ella te avisara desde el principio, lo saludable es permitir que un ex haga de su vida sentimental lo que quiera. No permitas que su ex forme parte activa en vuestra relación. Si no están ya juntos, por algo es, y eso no te incluye a ti.

Cuando tienes seguridad en ti misma y en tu pareja, juntos podréis lidiar con los ex y con los hijos de ambos y, ya que la vida siempre trae retos de todos los tamaños y colores, el éxito de vuestra relación dependerá de cómo os enfrentéis juntos a cada situación. Muchas personas, con sentido común, respeto y el deseo de tener una buena comunicación con su pareja, consiguen amoldar una vida familiar que incluye elementos de unidades familiares anteriores.

Por otro lado, hay que mirar también las ventajas de tener un ex o una ex con quien compartes hijos; lo habitual es que los niños pasen tiempo con ambos padres por separado, y eso os da a tu pareja actual y a ti la oportunidad de tener tiempo sólo para vosotros dos, cosa que una pareja tradicional es posible que no disfrute apenas.

Si decidís no tener más hijos juntos, o ya os pilla un poco tarde, entonces no tendréis que pasar por el proceso del embarazo y posparto, que a menudo es una época tumultuosa en la vida de cualquier pareja. Esto puede resultar en una relación más profunda y equilibrada, porque vuestro enfoque está en hacer confluir factores que ya existen y que conocéis y no introduce algo nuevo y desconocido como es un bebé.

Variantes del terreno de juego – *El sexo*

Si tu última relación fue un matrimonio o una convivencia de muchos años, entonces es posible que te sorprenda la realidad de lo que implica el sexo en estos tiempos. En nuestra juventud la mayor preocupación de nuestros padres era que nos quedáramos embarazadas. Sin embargo, hoy en día los riesgos que conlleva el sexo sin protección son enfermedades venéreas, sida y más cosas. ¿Cómo abordar estos temas con una nueva pareja? Con una mezcla de tacto, discreción y mucho sentido común. Los detalles privados de la vida sexual de cada uno son cosa personal, pero en el momento en que alguien comparte la cama contigo, tienes todo el derecho de saber lo esencial sobre sus prácticas sexuales, porque concierne a tu salud también. Es aconsejable utilizar preservativos, y cuando se inicia una relación seria con alguien, ir juntos a hacerse las pruebas del sida y otras enfermedades venéreas. Aún así, el porcentaje de adultos que contraen enfermedades, incluyendo el VIH, va subiendo, porque hay tendencia a pensar «eso no me puede ocurrir a mí». Además, muchas mujeres quizá ven de mal gusto pedir a su pareja que se haga las pruebas pertinentes o que utilice un condón. Por un lado, decimos a nuestros hijos y amigos que se cuiden y por otro a menudo nos dejamos llevar en un momento de pasión, mientras que ponemos en peligro nuestra salud y a veces nuestra vida.

Por mucho que tu pareja de cama te asegure que «está perfectamente», lo prudente es siempre utilizar preservativos y haceros ambos las pruebas oportunas y compartir los resultados con el otro. Aunque tú estés segura de que no tienes riesgo alguno de tener VIH o cualquier otra cosa, la realidad es que no sabes si tu ex alguna vez tuvo un desliz y no usó protección. Hoy en día cualquier precaución es poca. Y sin embargo conozco muchas adultas inteligentes que han pasado por alto el preservativo con una nueva pareja.

Aunque no para todo el mundo es fácil hablar de ello, hoy en día es necesario, y has de encontrar la manera de hacerlo que sea cómoda para los dos. En el período de tanteo, todavía no sabes cuál es la actitud del otro con respecto al sexo y la protección. Es quizá más fácil hablar de ello con la cabeza fría y antes de que se presente la primera ocasión en la cama, porque en el fragor del momento es más fácil olvidar el sentido común.

En la juventud, lo normal es tener poca experiencia sexual. En la madurez, ya sabemos que el otro ha tenido una larga vida de actividad sexual. Siempre es absurdo tener celos del pasado sexual o amoroso de tu pareja, pero más aún cuando lo conoces a partir de los treinta y tantos o cuarenta y tantos. Antes de compartir con él todos los detalles de tu vida sexual pasada, piénsalo, así como antes de preguntarle los detalles de la suya. En el momento de la conversación te puede parecer interesante, pero esa misma información puede venirte a la cabeza mientras haces el amor. ¿Realmente quieres saber cómo su ex practicaba el sexo oral o si ha participado en una orgía? Cada pareja y cada persona es un mundo y hay quien puede manejar sin problema los detalles sexuales de relaciones pasadas. Pero en la mayoría de los casos los detalles íntimos es mejor que cada uno se los guarde para sí, porque si no son relevantes a nivel de salud, sólo sirven para crear fantasmas en el dormitorio.

Una pregunta que nos hacemos muchas mujeres también cuando volvemos al ruedo de la soltería a partir de una cierta edad es si debemos mostrarnos sexualmente agresivas o no. ¿Los hombres prefieren una mujer pasiva y mojigata, o una leona que los domina en la cama? Esto depende del hombre, claro. Mientras que a uno le puede excitar que le susurres tus fantasías al oído, a otro eso mismo le puede bajar la erección en un segundo. Lo mejor es atreverse a preguntar y también explorar juntos, sobre todo para evitar caer en una especie de rutina o roles preconcebidos que luego son difíciles de romper.

Por ejemplo, Marina, una mujer que disfruta del sexo y no teme iniciarlo en lugar de esperar a que su pareja lo haga, me decía que cuando empezó a salir con Daniel, ella se comportó en su primer encuentro sexual como se hubiera comportado con su ex, que era muy abierto en ese terreno. Descubrió más adelante que Daniel se sintió cohibido en esos primeros encuentros, porque él no estaba acostumbrado a que fuera la mujer la que dominara sexualmente. Poco a poco ella permitió que fuera él quien diera el primer paso y él aprendió a disfrutar de una compañera más activa en la cama de lo que acostumbraba. El sexo a esta edad y con una nueva pareja te abre todo un mundo de posibilidades.

Otro factor determinante en el sexo en la mediana edad es que se trata de un momento biológico en que la mujer está en su cúspide sexual. Quizá la seguridad que nos confiere tener cierta experiencia sexual y un mayor conocimiento de nuestro cuerpo y de la anatomía masculina hace que tengamos más deseo y más facilidad para alcanzar el orgasmo que cuando teníamos veinte años. Si nuestra nueva pareja es de nuestra misma quinta, la situación de él es distinta. El hombre a los cuarenta y tantos tiene menos potencia sexual y menos aguante que cuando tenía veinte años. Te puedes encontrar con que tu pareja padece alguna forma de disfunción eréctil y que toma o necesita tomar alguna píldora tipo Viagra o Cialis para contrarrestar esto. Pero también puede resultar que tu manera de abordar su «problemilla» termine con su disfunción eréctil, que a menudo se trata de algo psicológico. Una buena relación sexual se basa en complementarse el uno al otro. En el caso de la mujer, es importante que haga sentirse seguro al hombre y que nunca ridiculice su masculinidad. Si no se le levanta y te ríes de él o te enfadas, no te sorprenda si busca consuelo en otros brazos. El ego del hombre en ese campo es frágil y el mejor regalo que le puedes dar es ayudarle a relajarse y eliminar cualquier sensación de presión que pueda sentir por «tener que mantener una erección».

Enséñale también lo que a ti te gusta, no esperes que lo descubra todo solo. Si no es adivino, entonces serás una mujer muy infeliz en la cama. Claro que el sexo se trata de que ambos descubran qué es lo que más le gratifica al otro, pero a veces decirlo ayuda a evitar meses o incluso años de insatisfacción. Además es posible que ambos descubráis juntos cosas que no habíais hecho antes con otra persona y esto se convertirá en vuestro momento especial de exploración. Nada más bonito que redescubrir el sexo con alguien con quien construyes una nueva relación.

En esta etapa de la vida, el sexo puede ser más gratificante que nunca, pero para ello tienes que estar dispuesta a dar mucho y también estar dispuesta a pedir. El sexo no debería ser una competición a ver quien tiene un orgasmo antes. Se trata de dar y recibir placer y disfrutar juntos de una experiencia que, cuando hay atracción emocional e intelectual además de física, os acercará más el uno al otro.

El cuándo tener sexo la primera vez en una relación lo has de determinar tú. Por lo general es mejor esperar, porque –como he dicho antes– si el encuentro sexual es agradable, aunque todo lo demás vaya mal, la mujer sobre todo segrega oxitocina y endorfinas, que harán que sienta algo parecido al enamoramiento, aunque sólo se haya acostado para satisfacer una necesidad biológica. Ésta es la explicación que dan en libros sobre por qué las mujeres se conforman con hombres que las tratan mal o que no están a su altura: se acuestan con ellos demasiado pronto (antes de descubrir cómo son en realidad) y al segregar la dichosa oxitocina experimentan una sensación de enganche tal que sólo con mirar al varón en cuestión se sienten irresistiblemente atraídas. Dicho esto, te puede pasar que te acuestes con alguien en la primera cita y resulte ser el amor de tu vida. En cambio es más habitual que te quedes hecha polvo porque después de compartir tal grado de intimidad física con él, tú confundas tu reacción biológica con sentimientos amorosos y él no. Saber esto te da poder, así que úsalo bien. Recuerdo el gran alivio que sentí cuando descubrí que algunas de mis malas elecciones en el terreno masculino no eran debido a tener un cerebro de mosquito, sino a cuestiones químicas sobre las que no tengo control. Es parecido a saber que el alcohol te nubla el sentido común. Es posible que no puedas controlar lo que haces cuando estás bebida, pero sí puedes tomar la decisión de no beber o beber con moderación, para poder controlar tus acciones.

Variantes del terreno de juego – *La distancia*

Ya sea que conozcas un pretendiente por Internet o durante un viaje de trabajo o de placer, cada vez es más común que dos personas que inician una relación sentimental lo hagan desde dos ciudades o incluso dos países diferentes y en muchos casos muy lejanos entre sí.

En este aspecto entran muchas consideraciones en juego y no son buenas ni malas, pero hay que saber cuáles son. Cuando se inicia una relación a larga distancia, sobre todo si para acortarla hay que subirse a un avión, existe el riesgo de entablar una especie de falsa intimidad con el otro, con mayor rapidez de lo que ocurriría en persona. Hay quien encuentra que esto es una ventaja y quien ve en ello una desventaja. El mayor problema es que por correo electrónico y por chat cobra más importancia la imaginación. A pesar de los emoticonos para expresar emociones, si no conoces en persona a tu interlocutor, es difícil si no imposible, leer con precisión lo que te dice. Si te escribe «te adoro», tú puedes darle una connotación amorosa y quizá él lo diga con deportividad. Por chat no sabes si está bebido cuando te escribe, si está acompañado, si va bien vestido o si tiene la casa hecha un desastre. Claro que hoy en día existe la videoconferencia, que solventa muchas de estas cosas, pero aún así nunca es lo mismo que ver, oler y sentir a la otra persona.

Cuando Internet era relativamente joven y yo también, mi hermana me presentó por correo electrónico a un amigo de su novio. Yo vivía en Madrid y el amigo, al que llamaré Eduardo, vivía en Los Ángeles. Mi hermana vive en San Francisco. Soltera y sin compromiso, salvo un pretendiente que sabía que no era precisamente lo mejor a lo que podía aspirar, empecé a escribirme con Eduardo. Parecía muy simpático y comprensivo y en poco tiempo me encontré escribiéndole varias veces al día y recibiendo el mismo número de correos por su parte. Por escrito y sobre todo para mí, que me dedico a escribir, es más fácil abrirse y contar los temores, las esperanzas y los deseos. Un día me envió un par de fotos suyas por correo electrónico. Estudié mucho sus dos fotos y aunque no era mi tipo de hombre, parecía interesante, alto y fornido. No tenía mucho pelo, pero le cubría toda la cabeza. A partir de ese momento, cuando leía un correo suyo o cuando chateábamos, miraba la foto y claro, acompañada de palabras bonitas, me resultaba cada vez más atractivo. Unos meses más tarde, entre mi hermana y él me convencieron de que fuera a visitarlo a Los Ángeles. Entre los dos me pagaron el billete y primero aterricé en San Francisco para ver a mi hermana. La segunda parada sería Los Ángeles, donde pasaría una semana y donde Eduardo me había preparado un calendario apretado que incluía ir a México a pasar el fin de semana.

Mi hermana me aseguró que era un tipo muy majo cuando me despidió en el aeropuerto de San Francisco, y durante el vuelo a Los Ángeles empecé a ponerme nerviosa. Pero, me dije, si mi hermana lo conoce, he visto sus fotos y me he escrito con él durante meses, no puede ser muy diferente en persona. Pues bien, cuando me bajé del avión, busqué con la mirada al que tenía grabado en la mente: el hombre interesante y fornido de la foto. No lo encontraba por ningún lado. De pronto, un enano calvo de dientes torcidos me agarró del brazo y pronunció mi nombre. Sí, era él. No soy una frívola a la que sólo le importe el físico. Podría enamorarme de un hombre bajito y calvo, de hecho me casé después con uno. La cuestión era que yo me había hecho una idea completamente diferente de él y cuando vi cómo era en realidad, sentí un vacío en el estómago que a los pocos minutos se convirtió en náuseas. Él estaba encantado conmigo y me dijo que yo era aún más atractiva y más alta en persona de lo que se veía en las fotos. Esto no lo digo por presumir, sino porque claramente los dos recibimos impresiones distintas por Internet. Él quedó agradablemente sorprendido y yo absolutamente desilusionada. Como era amigo de mi cuñado, desde el principio acordamos que me quedaría en su cuarto de invitados en lugar de un hotel (aunque siempre es mejor hospedarse en un hotel, por si acaso no te gusta o por si resulta ser un loco), y así fue.

Su casa afortunadamente estaba impecable pero tenía un montón de gatos a los cuales había quitado las uñas (pobres gatos), y la casa olía a ambientador de tal manera que pensé que me ahogaría.

Fue un caballero –afortunadamente, porque he escuchado historias de terror en que el hombre abusa sexualmente de la mujer o la agrede– pero la semana fue una desilusión también para él. Me llevó a todos los sitios que me prometió, incluyendo la frontera de México, pero al ver que no habría acción en el dormitorio, canceló el hotel (pedí habitaciones separadas). Ni que decir tiene que a mi vuelta dejamos poco a poco de escribirnos y eventualmente perdimos por completo el contacto. Fue una experiencia interesante de la que aprendí muchas cosas, y una de ellas fue que no es buena idea iniciar una relación a larga distancia por Internet. Al menos hice un viaje divertido, pero hubo momentos incómodos, porque claramente él se sentía atraído por mí y yo no tenía interés. No sólo era el físico, sino todo lo demás. Hablando con él en persona y pasando tiempo juntos supe lo importante que era para él su religión (era judío), el tipo de vida que llevaba (muy solitaria), y lo ajeno para mí de su profesión (era asesor financiero). No podía imaginar bajo ninguna circunstancia compartir mi vida con él. Más adelante supe que se casó con una mujer judía y no sé si les fue bien o no. La cuestión es que si nuestro primer contacto hubiera sido en persona, entonces no habría llegado tan lejos ni hubiéramos experimentado tamaña desilusión.

Otra cosa es conocer a alguien en persona y luego mantener una relación a larga distancia. Ya sabes qué aspecto tiene, cómo suena su voz y posiblemente cómo se siente su tacto. Ya sabes si hay química o no. Aunque naturalmente no es lo mismo el contacto por teléfono o por Internet que pasar tiempo juntos y compartir actividades. Eso es lo que realmente te hace saber cómo reacciona la persona bajo presión, cuando ha tenido un mal día, qué pasa cuando uno de los dos está enfermo y muchas cosas más.

El 80 por 100 de la comunicación entre dos personas se produce a través del lenguaje corporal y la entonación. Por tanto, cuando chateas en Internet, sólo te comunicas con el 20 por 100 restante, que son las palabras. Además, por el chat cada uno está en un entorno diferente y posiblemente en otro huso horario si es que estáis en países distintos. Es muy difícil realmente llegar a conocer a alguien de esta manera.

Claro que siempre hay una contrapartida, y conozco también historias de Internet con final feliz. Mi amiga Sofía vivía en Estados Unidos y fue a pasar algunos meses en Italia. Conoció al que luego sería su marido en la última semana de su estancia. Mantuvieron una relación a distancia —por videoconferencia, chat, teléfono y correo electrónico— durante un año y él fue a Estados Unidos a pedirle que se casara con él. Así lo hicieron y viven felices en Italia, donde intentan concebir un hijo. Los dos tienen cuarenta y pocos años y para ambos es el primer matrimonio, aunque claro, no la primera relación.

Otra de mis amigas, Esther, de cincuenta y tantos años, que vive en España, conoció a su actual pareja por Internet. Viven en ciudades diferentes a unos cien kilómetros de distancia, y se ven cada fin de semana o cuando pueden. Esther me dice que entre semana, incluso usan la videoconferencia para tener sexo virtual, y ambos parecen contentos con el arreglo. De hecho, llevan nueve años juntos y no hablan de mudarse ninguno de los dos. Están divorciados de parejas anteriores y tienen hijos adultos y cada uno tiene su trabajo en su ciudad y no están dispuestos a levantar sus respectivos campamentos. Por otro lado, durante la semana cada uno se enfoca en lo suyo y entonces pueden pasar el fin de semana disfrutando de la compañía del otro. Visto así, parece que tuvieran todas las ventajas y ninguna de las desventajas de una relación más convencional.

Hay sitios en Internet que explican cómo sobrellevar una relación a larga distancia. Sobre todo si la distancia impide que la pareja se vea al menos una o dos veces al mes, arguyen que la meta debería ser terminar viviendo juntos o al menos en la misma localidad. Al fin y al cabo la vida diaria es lo que normalmente quieres compartir con el ser querido y se hace más difícil comprender las vicisitudes del otro cuando se viven de lejos. Pero en realidad también es cierto que si hay amor y sobre todo ganas, se puede hacer que funcione cualquier tipo de relación, ya sea a larga distancia, en la misma ciudad o bajo el mismo techo.

Como digo en otras partes del libro: si estás segura de que has conocido al hombre de tu vida ¿qué prisa tienes en acelerar las cosas? Al fin y al cabo, tenéis décadas por delante durante las cuales construir y disfrutar de la relación.

Variantes del terreno de juego –
¿Habrá alguien mejor?

Aunque Internet abre muchas posibilidades en el terreno del amor, igual que en cualquier otro, también constituye un peligro. Sobre todo si eres novata de los sitios para encontrar pareja en Internet, puedes tener la sensación de que –no importa lo maravillosa que sea la persona a la que hayas conocido– siempre puede haber alguien mejor en el ciberespacio.

He conocido personas que son adictas a estos sitios. Se apuntan no a uno ni a dos, sino a diez sitios para encontrar pareja y están siempre pendientes de su BlackBerry o Iphone, donde reciben los mensajes de hombres o mujeres con los que han iniciado contacto. Posiblemente conozcan a una persona con la que salen dos, tres o cuatro veces. Por lo general ocurre que se acuestan juntos y entonces ella empieza a sentirse vulnerable y a exigirle más atención a él. Por otro lado, él sigue escribiéndose con otras mujeres y termina por salir con otra y deja colgada a la primera, que no sabe lo que ha pasado o qué ha hecho mal. En realidad no ha hecho nada. Él simplemente se ha enganchado a la sensación de triunfo que le proporciona captar la atención de una mujer, la emoción de la primera cita, y el intentar llevarla a la cama. Esto no quiere decir que todos los hombres lo hagan, pero lamentablemente es más frecuente de lo que queramos suponer. Mi amiga Josefina, que es médico, sospechó que el hombre con el que salía desde hacía un par de meses seguía «en el mercado» porque le cancelaba citas de pronto, y escondía el teléfono móvil. Efectivamente lo encontró en Internet. Hizo un perfil falso con la foto de otra amiga, y le escribió pidiéndole una cita. Él mordió el anzuelo y cuando fue a la cita se encontró con Josefina, que luego me llamó llorando, diciéndome que ya no confiaba en los hombres. Después de todo su marido la dejó años atrás con dos hijos autistas hacía cuatro años y no ha vuelto a saber de él.

Cuando salgas con alguien, hoy en día no está de más preguntar si está en este tipo de sitios en Internet o, si lo conociste ahí, cuándo considera oportuno el ocultar su perfil. Si adviertes que te cancela planes en el último minuto, que hace lo posible por no dejar su teléfono móvil a tu alcance, o no contesta llamadas, se va al baño con el teléfono o te llama para quedar dentro de una hora después de no saber nada de él en varios días, puedes sospechar que sigue buscando, porque piensa que posiblemente haya alguien mejor que todavía no ha conocido.

Por otro lado, no caigas tú en esa trampa. Si eres soltera y sin compromiso, está bien salir a cenar con diferentes personas mientras no hayáis establecido que sois novios. Pero en el momento en que decidáis daros esa oportunidad, ni se te ocurra dejar tu perfil en Internet ni seguir saliendo con otros hombres. Las mujeres que hacen esto son las que dan una mala reputación al resto.

El caso es que aunque el terreno de juego haya cambiado, ahora tienes que tener en cuenta la gran ventaja que te confiere la experiencia que tienes ahora. Por otro lado, piensa que ha cambiado para todo el mundo y que si sales con hombres de edad similar a la tuya, están en la misma situación que tú. Hay más variantes que considerar ahora –sobre todo los hijos y los ex– pero esto lo puedes convertir en algo positivo. Todo es superable en esta vida.

Los peligros y las ventajas de Internet en la comunicación social

A fuerza de hablar de amor, uno llega a enamorarse.
Nada tan fácil. Ésta es la pasión
más natural del hombre.

Blaise Pascal

Admito que yo era de las que pensaban que los sitios para encontrar pareja en Internet eran para perdedores, para los que tenían alguna tara física o mental y eran incapaces de ligar en persona. Sin embargo, cuando me puse a investigar para escribir este libro, mi opinión de estos lugares en Internet cambió. Para empezar, pregunté a amigos y amigas cómo hacían para conocer personas del sexo contrario, y me sorprendió la gran cantidad de personas que me dijo que lo hacían a través de la red cibernauta. Jamás, bajo mi punto de vista anterior, hubiera imaginado que amigos míos hacían esas cosas. Hasta entonces me resultó frívolo e incluso peligroso. Me parecía como admitir públicamente que estabas desesperado por conocer a alguien y que era el último recurso. Pregunté si habían conocido a alguien interesante, y la gran mayoría (no hice un estudio serio con cifras) me dijo que hicieron amigos o amigas, pero que no consiguieron pareja estable. El porqué era simplemente una falta de compatibilidad; que no habían dado todavía con alguien con quien tuvieran química.

Un día pregunté a mi red en Facebook qué pensaban de los sitios para buscar pareja en Internet. Amigas más jóvenes, de veintitantos y treinta y tantos, la mayoría en su primer matrimonio, me pusieron comentarios tipo: «Jamás haría eso. Me parece vulgar», o «Qué asco, no me gustan». Pero otras amigas, también felizmente casadas, admitieron mediante un mensaje privado y –en algunos casos– mediante un comentario en mi muro: «Mi marido y yo nos conocimos en Match y se lo recomiendo a cualquiera». En el segundo caso solían ser mujeres alrededor de los cuarenta años.

Al darme cuenta de que más personas de las que yo imaginaba y, muchas de ellas en mi entorno inmediato, hacen uso de los lugares para encontrar pareja por Internet, decidí mirarlos yo misma. En la mayoría de sitios para poder ver los perfiles de los usuarios hay que registrarse o darse de alta. Esto permite navegar por el sitio y mirar las fotos y las descripciones de hombres o mujeres que buscan amor, amistad o sexo (aunque esto no lo suelen admitir, claro). Hay algunos sitios gratuitos, pero en la mayoría, si quieres comunicarte con otros miembros, tienes que pagar una cuota mensual. Lugares como Match te ofrecen la posibilidad de una prueba gratuita de varios días y, en nombre de la investigación periodística para este libro y por curiosidad me apunté. Por un lado la idea me ponía algo nerviosa –saber que cualquiera podía acceder a mis fotos y mi información– y por otro me parecía emocionante abrir una puerta hacia un nuevo mundo de posibilidades.

Después de todo, trabajo desde casa y no tengo tantas oportunidades a diario de conocer personas de mi edad y de igual o parecido nivel cultural y social, y además saber de antemano si son solteros o no. Por otro lado, tengo dos niñas de corta edad y aunque pasan tiempo también con su padre, esto dificulta un poco más el poder ir a lugares donde conocer gente.

Muchos de mis amigos son más jóvenes que yo, algunos son homosexuales y otros están casados y su círculo se compone de otras parejas con hijos. Tengo un *hobby* que es bailar salsa, pero no se me ocurriría salir con alguien del estudio de baile al que voy para tomar clases, porque si rompes, o bien lo pasas mal viéndolo en la pista con otras mujeres o dejas de bailar. Además, las personas que se toman en serio el baile no van a ligar sino a bailar.

Por tanto, lo de ligar por Internet de pronto me pareció un buen recurso. Antes de subir mis fotos y redactar mi perfil, me puse a mirar el escaparate virtual a ver qué había en mi zona y me sorprendió lo que vi. Había desde hombres que parecían asesinos en serie y cuya imagen parecía una foto policial, con un perfil lleno de faltas gramaticales y de ortografía, hasta profesionales tipo médicos y abogados, que ponían fotos de sus hijos o de sus perros para demostrar que son personas estables y hogareñas.

La ventaja de estos sitios es que puedes hacer una lista de todo lo que quieres en una pareja, explicar lo que no quieres, y limitar tus búsquedas por zona geográfica, edad, ingresos, nivel de estudios, idiomas, religión, aficiones y el que tenga hijos o no, entre otros muchas cosas. Al principio me pareció de mala educación poner los atributos físicos o el nivel de estudios que requería que tuviera una pareja. Pero luego pensé que por qué no… ¡Puestas a pedir…! Sin darme cuenta apenas, comencé a pensar en el sitio de Internet como una posibilidad verdadera, y me pregunté qué querría en un hombre.

Se me ocurrieron varias cosas, como que tuviera estudios, que fuera bilingüe, que no fumara, que practicara deporte, que fuera más alto que yo, que tuviera un trabajo estable, que fuera emprendedor… Algunas de las cosas pueden parecer frívolas, pero ¿por qué siquiera considerar a alguien que tenga un vicio o una forma de ser que desde el principio te disgusta? También me parecía importante que tuviera hijos y prefería que fuera divorciado y no soltero empedernido. Mi razonamiento es que a una cierta edad, un hombre que nunca se ha casado ni ha vivido en pareja, es que o tiene muy mala suerte o es insoportable. Me parece más razonable el que haya tenido una pareja y que se acabara el amor, porque al menos sabe en qué se mete.

Por otro lado, como soy madre, también me parece que una pareja que no tenga hijos propios en principio no tendrá la misma empatía con las tribulaciones de una madre. También quería que fuera delgado –no porque el físico sea lo más importante– sino porque por lo general eso significa que se cuida y se respeta y eso son valores importantes para mí. Lo de ser bilingüe no era un requisito, pero como yo lo soy, sería la guinda sobre el pastel, claro.

Al leer lo que buscaban los hombres en una mujer, muchos decían: «Quiero alguien con quien pueda hablar de algo más que del programa de cotilleo de moda», o «Con que sea medio inteligente me conformo». Me pregunté por qué no querrían una mujer inteligente del todo. Muchos comenzaban la descripción de sí mismos aclarando: «No soy un caradura», lo cual hacía pensar de inmediato que ¡sí lo era! Después de todo, quién entra en una tienda y dice: «¡Que no he venido a robar, eh!» si no tiene mentalidad de ladrón.

Me fijé en que muchos ponían fotos que parecían muy antiguas, o solo una. De inmediato eliminaba a los que posaban con el torso desnudo o mostrando sus bíceps. También a los que incluían fotos de sus cochazos o la piscina de su casa. No es que no me gusten esas cosas, pero me daba la impresión de que si tenían que echar el anzuelo de sus pertenencias, es que no estaban muy seguros de sí mismos.

La mayoría enumera sus virtudes y hace hincapié en el romanticismo, en las cenas a la luz de las velas y paseos por la playa al atardecer. ¿Habrán leído todos el mismo libro sobre cómo conquistar a una mujer?

A la hora de escribir mi propio perfil y subir mis fotos, procuré ser honesta. Subí fotos con ropa diferente, primeros planos y de cuerpo entero. Subí tantas imágenes como las que me gustaría a mí ver de un candidato del sexo opuesto. Al escribir sobre mí (con la ventaja de dedicarme a la escritura), procuré describirme de una forma positiva, pero también enumeré algunas de las cosas que podrían ser motivo de incompatibilidad con alguien. Por ejemplo, que tardo una hora en arreglarme para salir, que me gusta levantarme tarde y que duermo mucho. Recordé que a un novio que tuve le irritaba muchísimo que me levantara al mediodía un sábado, cuando él madrugaba a las seis para comprar el periódico.

Leí algunos artículos sobre el protocolo en este tipo de sitio, y me alegró saber que por lo general las mujeres pueden simplemente esperar a que los hombres les escriban. Y eso hice… esperar.

Y empecé a recibir «guiños» y mensajes. Por un lado advertí que mi perfil lo miraban muchísimas personas (hay un contador en la página, que sólo ve el usuario), pero en comparación me escribían pocos. En Match.com puedes ver quién ha mirado tu perfil y por un lado me alegraba que no me escribiera la mayoría. Algunos ¡daba miedo verlos! Por otro, cuando alguien que me gustaba me había mirado pero no escrito, me preguntaba por qué. Advertí que se puede bloquear a los usuarios con los que no te quieres comunicar, y me pareció una ventaja.

En muchos de los foros en los que se habla de este tipo de sitios recomiendan comenzar por escribirse con alguien por correo electrónico durante un tiempo, luego pasar a la conversación telefónica y por último –y si todo va bien– entonces verse en persona. Yo discrepo. En mi opinión, pero es sólo una opinión, si alguien te parece interesante y viceversa, lo mejor es verse cuanto antes. El motivo es que por correo electrónico y por chat las personas pueden expresarse de una manera que no tiene nada que ver con la realidad. Conozco tantos casos de personas que empiezan a chatear por Internet, se creen que se están enamorando… y cuando se ven en persona resulta que el tipo puso una foto de hace diez años, o es un borracho, o simplemente te repele. Eso pasa, ¡y mucho! Lo mejor es enterarse de cómo es el señor en cuestión en carne y hueso, ¡lo antes posible!

A cierta edad, una ya no está para perder el tiempo y menos cuando lo que busca ya no es echar una cana al aire, sino un compañero de vida.

Siguiendo mi filosofía de acelerar el encuentro en persona, después de intercambiar algunos mensajes con varios pretendientes, quedamos para vernos con relativa rapidez. Tomé algunas precauciones, como quedar en un lugar público, conseguir su número de teléfono y enviar toda la información posible a mis mejores amigos, por si acaso. El primer encuentro es mejor que sea en un lugar tipo cafetería y de día, por si no te apetece que se alargue. Encontré que, por lo general, los hombres parecían estar más nerviosos que yo, quizá porque yo me lo tomaba como parte de mi trabajo como escritora y ellos buscaban algo más.

La experiencia dio para todo este capítulo del libro. Uno de los candidatos era maestro y escritor frustrado, al que le gustaba tocar el piano. Pasó la hora y pico que duró el encuentro quejándose de que su trabajo era espantoso y hablando de su terrible experiencia con su última novia que aún estaba casada. No hizo más que bostezar y empezó a entrarme sueño a mí también. No nos volvimos a ver. Me escribió diciendo que yo era «burbujeante» y a mí me pareció el prototipo de paciente de un psiquiatra de película de Woody Allen.

Con el candidato número 2 quedé en una discoteca. Ya, ya, no es lo más aconsejable. Pero era viernes noche y no tenía planes, así que pedí a unos amigos que me acompañaran. Como buenos homosexuales, me dijeron que el candidato 2 estaba para hacerle un favor, pero a mí no me hizo tilín desde el principio. Confieso que para ganar el favor de hombres cercanos a mi edad y porque aparento algunos menos, puse que tenía cinco años menos en mi primer intento en Match y se lo admití al candidato 2. Curiosamente antes de saber ese detalle, ya me había propuesto ir juntos a la playa al día siguiente, pero después de esto, se excusó y desapareció. Al final de la noche lo vi salir de la discoteca con otra. Le envié un mensaje de texto preguntando por qué y me respondió «no me gusta que las mujeres mientan sobre su edad». Así que decidí poner mi edad verdadera en mi perfil, a ver qué pasaba.

El candidato 3 parecía muy espiritual, había viajado por Europa y tenía hijos. Habíamos leído los mismos libros y según decía también era amante del deporte. Como no daba el paso, propuse que quedáramos en persona y accedió. La «entrevista» fue muy bien en comparación con las anteriores. Me reí mucho y se me hizo breve, pero tuve que interrumpirla para ir a una clase de baile. Nos vimos varias veces después del primer encuentro, pero un día le dije de broma que lo había buscado en Google y que salió la noticia de su arresto. Para mi sorpresa, le cambió la cara y empezó a explicarme por qué lo habían arrestado dos veces, dejándolo inconsciente antes de llevarlo a la cárcel. No sólo eso, sino que tosía como un enfermo terminal de cáncer de pulmón, porque fumaba como un carretero (en su perfil decía que era no fumador) y no tenía aspecto de haber pisado un gimnasio en su vida.

El candidato 4 era motero y no había leído un libro en su vida. Pero acepté salir con él a dar un paseo en moto porque a mis cuarenta y seis años, nunca había montado en una Harley y por las fotos, estaba de buen ver. Así fue como durante un par de semanas ¡fui la chica de un motero! Fue divertido ir en moto y en barco, sus dos obsesiones. Fuera de eso, me pregunté si sería capaz de hacer lo mismo todos los fines de semana y codearme con sus amigos que, por no leer, no habían leído ni un cómic. Él tampoco era un gran conversador, y no comprendía el término «cortar y pegar» en un documento de Word. No teníamos nada en común.

El candidato 5 me pidió encarecidamente que cenara con él y afirmó comprender que sólo era como amigos. Fue tan persistente y dulce a la vez que me pareció justo darle una oportunidad. En las fotos parecía alto y fornido, y cuando nos encontramos en persona, con tacones podía verle la calva desde arriba. Calva que ocultaba en las fotos, claro. Durante la cena me contó que su tercera ex mujer había intentado apuñalarlo y que se acababa de arreglar los dientes, porque antes se le caían en la sopa cuando comía, en el momento menos oportuno. A pesar de que me llevó flores y me escribía poemas, nunca más quise verlo, ¡ni para recopilar información para una novela de terror!

Hubo un candidato 6 que casi tenía la edad de mi padre. Accedí a salir a cenar con él porque estaba estupendo para su edad, y porque era culto. Por otro lado, se notaba que tenía más dinero que pelos en la cabeza (y tenía toda su cabellera intacta), aunque esto me resultaba incómodo, porque me impedía siquiera hacer el amago de pagar mi parte después de salir a cenar. Eso sí, hacía tiempo que no mantenía una conversación tan interesante con un hombre que, además, insinuaba que la mujer que estuviera con él no tendría que preocuparse de las finanzas nunca más. Lástima que no me atrajera sexualmente porque, aunque dicen que eso no lo es todo, no me parece bien estar con alguien que no te atrae, por muy inteligente que sea y por mucho dinero que tenga.

Al ver que en mi zona no encontraba a mi alma gemela, busqué más lejos. Entonces conocí al candidato 7. Tenía su propia empresa de jardinería por todo lo alto, parecía espiritual y era guapo. Nos comunicábamos mediante mensajes de texto, lo cual no me gusta hacer con un desconocido, y además cuando estábamos a punto de conocernos, me dijo que tenía que salir de viaje porque su madre estaba enferma. Aunque suene manido, creo que todo pasa por algo. No las tenía todas conmigo. Parecía celoso (había pillado a su ex mujer en la cama con un amigo) y un poco fresco. Nunca nos vimos en persona, porque se me cruzó el candidato 8, que hoy día es mi pareja.

Nos conocimos a través de Facebook, gracias a una amiga en común que es dueña de un restaurante español en la ciudad de Florida donde vivo yo. Él, fotoperiodista, paró a comer ahí un día y charló con mi amiga. Ese mismo día ella me llamó por teléfono para decirme que había conocido un tipo que me podía gustar. Me contó que además de alto y bien parecido, también era bilingüe, bicultural y escritor. Seguí preguntando y supe que era divorciado y tenía un hijo de edad similar a la de mis dos nenas. Por lo general, esto significaría que él sería mucho más joven que yo, pero afortunadamente no era así. Todo sonaba estupendo, salvo que él vivía a cien millas al norte de mi ciudad (o pueblo, ¡según se mire!). Aun así, accedí a conectar con él por Facebook y nos escribimos un par de mensajes. Sobre el papel nos gustamos mucho y después de mirar nuestras respectivas páginas web y hablar por teléfono (me encantó su voz), acordamos conocernos en persona y él se ofreció a venir a verme.

El día de la primera cita, mis hijas estaban en el colegio (los dos trabajamos por cuenta propia, lo que nos da flexibilidad) y yo había elegido una cafetería para nuestro encuentro. En fin, que pretendía seguir todas las reglas que se aconsejan para el primer acercamiento. Una hora antes de la hora acordada, me llamaron del colegio para decirme que mi hija pequeña tenía fiebre y que tenía que recogerla. Pensé en mi pretendiente, que llevaba ya una hora de carretera, y me fui al cole a buscar a mi nena. Miré mi apartamento y me pregunté si podía recibir a alguien en esas condiciones. Lo llamé y le expliqué el cambio de planes y le di direcciones para llegar a mi casa.

Hoy pienso que el hecho de que mis planes iniciales se torcieran nos ayudó a conocernos tal y como somos, con los problemas que ocurren a diario en la vida de una madre o padre sin pareja. Es difícil mantener la compostura o mostrar una imagen falsa cuando tienes que atender a tu hija que está malita y cuando te pillan con la casa sin arreglar.

Nuestro primer día juntos fue accidentado e inesperado, como es la vida. Nos compenetramos desde el principio y un año después seguimos pensando que tenemos la relación más equilibrada y estable que cada uno hayamos disfrutado hasta ahora.

Nada es perfecto, claro, pero cuando dos personas tienen valores muy similares, comparten el tipo de educación, de cultura y de forma de ver la vida y además tienen hijos de parecida edad y buscan lo mismo para ellos, es más fácil acoplarse. El tener que conducir dos horas en cada dirección cada fin de semana para estar juntos no es obstáculo. Nos lo repartimos como podemos y sabemos que primero está el bienestar de los nenes, que también pasan tiempo con el otro padre.

El hecho es que Internet ha sido para mí fuente de aprendizaje, de frustración pero también de alegría. Si no fuera por mi amiga y por Internet, no hubiera conocido a mi pareja actual.

Claro que no todo fue un cuento de hadas y de haberme quedado anclada en una mala experiencia anterior que tuve, también en Facebook, hoy no estaría felizmente enamorada y con una relación estable.

Facebook es un lugar de encuentros y desencuentros y también el motivo de que recomiende a otras mujeres que no se dejen llevar muy deprisa por viejos amores de juventud. Yo tuve un amor platónico de niñez que me duró entre los once años de edad hasta los catorce, más o menos. No pensaba que fuera correspondida en ese amor. A los dieciséis años nos reencontramos y hubo un amago de beso que no correspondí. Luego perdimos el contacto, hasta que a los cuarenta y cinco años, ya separada, nos encontramos en Facebook. Estábamos en países diferentes, pero rápidamente empezamos a tener chats de varias horas, conversaciones telefónicas en que nos daba tiempo de reírnos, llorar, rememorar y también hacer planes de futuro. También pasaban días sin saber nada de él, hasta que una noche durante una conversación telefónica, me compró por Internet un billete para ir a visitarlo, cuatro meses después de nuestro reencuentro cibernético. Después de haber mantenido una relación virtual digna de poetas, cuando nos vimos en persona, en menos de una semana supe que la persona de quien creía estar enamorándome no existía. En su lugar encontré un hombre atormentado, alcohólico y lleno de ira. Yo había sido su fantasía perfecta, pero no estaba preparado para lidiar conmigo en la vida real. Y yo no estaba dispuesta a dejarme maltratar psicológicamente por nadie. Aproveché el viaje lo mejor que pude, eso sí, y fue cuando se me ocurrió escribir este libro.

Comprendí entonces cómo es posible que la comunicación a distancia, cuando no ha habido contacto previo en persona, e incluso con alguien a quien conociste hace muchos años, puede llevar a crear una imagen y sentimientos falaces. Habría que preguntarle a él, claro, porque toda historia tiene más de un punto de vista. Seguramente yo tampoco era como él pensaba.

Curiosamente, el darme cuenta de que todo era mentira y la certeza de que no merecía el mal trato que me dio en persona no me afectó tanto durante mi estancia en España. Fue cuando aterricé en mi hogar en Florida que eché de menos aquella relación a distancia con esa persona imaginaria que no era más que una voz al teléfono y una foto en un mensaje por Facebook. Entonces tomé la determinación de no volver a utilizar el sistema de chat y de no tener contacto con una persona del sexo opuesto por Internet si el encuentro en persona no podía producirse pronto.

Es mi credo personal y me ha ido bien, como se puede comprobar por la feliz continuación de mi historia, pero también conozco parejas que han mantenido relaciones de larga distancia durante mucho tiempo y luego han logrado convivir sin problema. También es posible compartir años de convivencia con alguien y darte cuenta de que realmente no conoces a esa persona, o bien que te has resignado a soportar situaciones por costumbre o por los niños.

No hay fórmulas mágicas, pero la realidad es que el trato personal es vital para una relación fructífera. El mundo se está deshumanizando y en esta era de comunicaciones por texto, por correo electrónico y por chat estamos pasando por alto los beneficios del roce físico, el olor de la piel y la intimidad de una mirada para conocer a alguien, y preferimos el intercambio de palabras tecleadas en un ordenador. Sin embargo, por experiencia propia y ajena recomiendo no fiarse sólo de la comunicación por Internet para conocer a alguien o tener una relación sentimental.

La hermana de una amiga mía tiene casi sesenta años y aún está de buen ver. Ella es otro ejemplo de que hay que tener cuidado con tomar un avión para visitar a un amante cibernético. Después de varios meses en un sitio para conocer pareja por Internet, Lucía se «enamoró» de un señor que vivía en Inglaterra. Ella le escribía desde España y después de intercambiar fotos, mensajes largos y llamadas telefónicas, pensó que lo mejor sería viajar para conocer al hombre de su vida. Ni se le ocurrió, a su edad y con su experiencia, que sería bueno ir a un hotel y depender de un taxi, porque él vivía en mitad de la campiña inglesa. El grado de intimidad que parece establecerse por Internet a veces da lugar a situaciones como la que siguió a su vuelo a Londres. Por correo electrónico y por teléfono, Peter se mostraba como un caballero y Lucía ya se imaginaba mudando sus cosas a su país favorito. El hecho fue que cuando él la recogió en el aeropuerto dos horas tarde, ella se molestó y se lo recriminó. Lucía es muy apasionada cuando habla y sobre todo si está enfadada. Peter y su flema inglesa no entendieron ese tipo de agresión y lo que ocurrió fue que él detuvo el coche en mitad de la carretera, mientras caía tremendo chaparrón y la dejó plantada con la maleta y sin mirar atrás. Lucía no sabía la dirección de Peter y menos aún cómo pedir a otro conductor que la llevara a su casa. A sus sesenta años tuvo que hacer dedo y hospedarse en un hotel. Intentó ponerse en contacto con Peter por teléfono y por correo electrónico, pero él no respondió. Con la moral por los suelos y el ego pisoteado, adelantó su regresó a España. No son infrecuentes este tipo de historias, sobre todo en mujeres de más edad que probablemente piensan que no van a encontrar a nadie y se aferran a cualquier posibilidad que les surja, sin importar dónde esté. En el caso de Lucía, cuando recuerda los intercambios electrónicos entre ellos, se da cuenta de que fue ella la que insistió en viajar a Inglaterra y que él no parecía muy entusiasmado con la idea. Al principio ella lo achacó a la frialdad que se le adjudica a los británicos, pero después de su experiencia en persona, piensa que en realidad ninguno de los dos conocía bien al otro, y no sólo eso, sino que él no era el caballero que ella deseaba.

—La próxima vez, tendré mucho más cuidado, no me subiré a un avión sin que me lo pida él, y desde luego reservaré habitación en un hotel y viajaré en taxi. Me podría haber pasado cualquier cosa ahí sola en la carretera… –me dijo después.

Uno de mis editores me contó la historia de una amiga suya, una publicista de cincuenta y tantos años, guapa y con un historial de éxito en su carrera profesional. La mujer se aventura a probar suerte en Internet y recibe un buen día un correo electrónico de un francés, aparentemente culto y muy atractivo. Ella no sabe francés pero le pide a una amiga que le traduzca el correo, y así entabla un intercambio muy romántico de cartas con él. El francés, Pierre, le envía fotos de su hija, que es una adolescente muy bonita, y a pesar de asegurar que es prácticamente rico, le explica a Marga, la publicista, que necesita dinero en efectivo para pagar una intervención quirúrgica para su hija porque le han congelado el dinero en sus cuentas de trabajo. Desde fuera, cualquiera se daría cuenta de que esto no es normal, pero llevada de su entusiasmo y su «enamoramiento», Marga le envía el dinero por Western Union. Él se lo agradece efusivamente y le habla de los momentos románticos que pasarán en su mansión en Francia cuando ella le visite.

Pasa otro mes en que él le regala frases poéticas e incluso eróticas y Marga sigue pensando que ha conocido una joya de hombre. Una vez más, Pierre le dice que de nuevo necesita una cantidad en efectivo para otro tema médico que concierne a su hija y que se lo devolverá todo junto. Esta vez, Marga no se siente tan cómoda enviando tanto dinero y lo consulta con una amiga. Naturalmente la amiga le dice que la están engañando. Indagan, buscan información y llaman a la policía. Efectivamente, Pierre nunca existió y se trata de una red que opera desde un país tercermundista y que se dedica a estafar a mujeres como ella. En fin, que historias como ésta las hay, y lo mejor es conocerlas de antemano para que no te pillen por sorpresa en el caso de que ocurran.

Pero tampoco todo lo que pasa a través de Internet es malo.

Recientemente conocí a una pareja joven que se había conocido por ese medio. Ambos viven en la misma ciudad y se apuntaron a Match porque querían salir de su respectivo círculo de amigos y también porque no tenían tiempo de ir a lugares en los que conocer gente, porque trabajan y también estudian. El resultado de su experiencia fue que salieron juntos durante tres años y se casaron hace dos meses, en la playa. Naturalmente lo que pase después no se sabe, pero por ahora han tenido un final feliz.

Mi amiga Noelia tiene cincuenta años y es azafata de vuelo. Toda su vida quiso casarse y tener hijos, pero desafortunadamente ninguno de los hombres a los que tuvo de pareja quería lo mismo que ella. El resultado fue que a los cuarenta y tantos decidió adoptar a una nena por su cuenta. Por otro lado, se atrevió a buscar pareja por Internet. Conoció a Juan, un médico divorciado y con hijos ya mayores que estaba dispuesto a compartir su vida con la mujer adecuada. Se conocieron, encajaron, ella recibió a su hija adoptiva, él se enamoró no sólo de ella sino de la nena, y se han casado y viven juntos, lidiando con lo que lidiamos quienes tenemos media vida a nuestras espaldas y el resultado de ello. Pero se quieren y hoy por hoy son felices juntos. En el caso de Noelia, Internet funcionó mejor que «el mundo real».

Conozco otra pareja que rebasa los cuarenta que también se conocieron virtualmente. Ella era divorciada y él soltero, ambos sin hijos, y el motivo de utilizar Internet era el mismo que la pareja joven, además de vivir en un lugar relativamente pequeño y donde la posibilidad de conocer gente nueva es muy reducida. El resultado es que se casaron y tienen gemelas de tres años. Él es entrenador personal y ella de momento está en casa cuidando de las nenas hasta que tengan edad de ir al colegio. Los conocí ya casados y cuando sus nenas tenían unos cuantos meses de edad. Si no me lo hubieran contado ellos, como la cosa más natural, no hubiera tenido motivo alguno para pensar que se habían conocido en Internet. Los dos me dicen que es lo mejor que pudieron hacer y están muy contentos con la experiencia. Claro que también confiesan que antes de conocerse el uno al otro tuvieron anécdotas curiosas con otras personas. Porque en Internet, como en el mundo real, hay de todo, como en botica.

Pros y contras de los sitios para conocer pareja en internet

Pros

Puedes conocer personas fuera de tu círculo de amigos, conocidos y ambiente de trabajo.

Por lo general, puedes descartar y seleccionar candidatos basándote en criterios que son más difíciles de establecer cuando el primer encuentro se produce en persona.

Si alguien no te interesa puedes bloquear sus comunicados.

Aumentas tus posibilidades de encontrar alguien compatible, si te lo tomas como la búsqueda de empleo. Aunque suene frío, si lo que buscas es una relación a largo plazo, merece la pena invertir el mismo tiempo y esfuerzo que muchos dedicamos a nuestra profesión.

Contras

Puedes perder bastante tiempo y esfuerzo en correos electrónicos que parecen indicar posible química en persona y luego llevarte un chasco monumental.

Internet puede dar la sensación de que siempre hay algo mejor a la vuelta de la esquina y hay personas que se convierten en profesionales de Match, incapaces de elegir una sola persona y probar suerte con ella.

Muchas personas que no tienen dotes sociales se escudan tras un perfil.

Tu perfil y tus fotos están a la vista de cualquiera.

Después de mi incursión periodística y personal en el mundo del ciber-amor, puedo afirmar que es una buena opción para los solteros y solteras de hoy. No creo que deba ser la única vía para conocer a alguien, pero sí una más. El aventurarse a probar este tipo de sitio demuestra una actitud abierta, ya que a menudo es difícil ampliar tu círculo de amistades o de colegas de trabajo, y te proporciona un abanico de posibilidades mayor. Mientras uses el sentido común, al igual que deberías usarlo en la vida real, ten en cuenta que muchas personas encuentran a su media naranja por este medio.

La felicidad está dentro de ti

Es mejor que te rechacen por ser quien eres que el que te amen por fingir ser quien no eres.

MATTHEW KELLY
(autor de Los siete niveles de intimidad)

Lo has leído muchas veces y en el fondo lo sabes; a menos que tú te sientas bien en tu piel, aunque conozcas al hombre de tus sueños, no podrás tener una buena relación. Si tú no te amas, no podrás aceptar el amor de otra persona. Un amigo que a los cincuenta y dos años busca pareja me decía que envidiaba mi capacidad de estar sola y admite que siente la necesidad de estar siempre con alguien. Es un hombre encantador, culto, bilingüe, de buenos modales y buen gusto vistiendo. Trabaja como gerente de marketing en un hotel de renombre y es buen conversador. Sin embargo, no consigue pareja estable. Por un lado, cuenta que se ha hecho bastante selectivo, pero cuando conoce a una mujer que le gusta, se le escapa de entre los dedos. Y es que se le nota la desesperación. Las personas, igual que los animales, somos capaces de oler el miedo, la inseguridad y la desesperación a distancia, y no nos resulta atractiva. A ti, ¿qué te gusta más? ¿Un hombre que se comporta como un pelele o un hombre seguro de sí mismo? ¿El que no puede vivir sin ti o el que puede pero prefiere estar contigo?

Tengo amigas y conocidas que son guapas, inteligentes, de éxito profesional, y en cambio en el amor no dan ni una. Andrea, de treinta y tantos, modelo, y ganadora de un concurso de Miss, es presentadora de televisión. Habla varios idiomas, se mueve con salero y delante de las cámaras se desenvuelve como si los nervios no existieran para ella. Sin embargo, en los últimos cinco años, ha tenido una serie de desengaños que –vistos desde fuera– parecen incomprensibles. Tiene una hija de corta edad de su primer y hasta ahora único matrimonio. La niña vive con ella, y el padre está en otra ciudad. El primer novio que le conocí era visitador médico, atractivo, soltero y sin hijos, y resultó ser alérgico a los niños. Se mudó a otra ciudad y la relación se terminó. Un día entrevistó al dueño de una empresa de construcción en su programa televisivo, y poco después empezaron a salir juntos. Andrea me contó que estaban muy enamorados, que él era maravilloso, subía fotos de los dos a su página de red social en Internet… Pero un día, como tantas personas durante la crisis, ella perdió su empleo en televisión. Eso hizo tambalear su confianza. Entonces su actitud hacia su pareja cambió: ella empezó a exigirle un compromiso de algún tipo, como por ejemplo vivir juntos, pero él no estaba preparado para dar ese paso. Cuanto más insistía ella, más se alejaba él. Poco después, él le confesó que era adicto a los calmantes y Andrea se dedicó a apoyarle cuando decidió que quería romper su adicción. Fue con él a terapia, le ayudó a pasar el síndrome de abstinencia y soportó ataques de ira, noches de insomnio y sus ausencias. Entretanto, ella se carcomía por dentro por la inseguridad, el no saber si él definitivamente se mudaría con ella o no, la volvía loca. Un día, comiendo juntas, le pregunté si se había mirado últimamente al espejo. Llevaban juntos un año, y era obvio que él tenía más problemas personales de los que ella merecía soportar, sobre todo cuando sus problemas lo convertían en un hombre arisco, desapegado y solitario. Ella me preguntó por qué.

—Pues porque puedes tener a tu lado un hombre mejor que ese que no se quiere comprometer contigo –respondí.

No parecía darse cuenta de que tanto mujeres como hombres se daban la vuelta para mirarla cuando caminábamos juntas por la calle.

—¿De verdad me ves así? –me preguntó incrédula.

Andrea derramó muchas lágrimas y pasó noches sin dormir, hasta que por fin él la dejó. Sin trabajo, sin dinero y sin confianza en sí misma, ella se mudó de nuevo a la ciudad donde vivía su familia, para tener un mayor apoyo con su hija. Siguió buscando trabajo, pero antes que un nuevo empleo, encontró otro hombre. Éste era abogado, también atractivo, muy parecido físicamente a los anteriores. Según me contaba Andrea, el abogado tenía agujeros en los calzoncillos, pero por lo demás, era estupendo. Lo conoció una noche en una discoteca. Como cualquier mujer insegura, Andrea le anduvo en los bolsillos y le leyó el correo electrónico.

—Escribe a sus amigos contándoles cómo hacemos el amor… y dice que no es nada serio –me confesó.

Le recriminé que leyera sus correos electrónicos, pero más aún que siguiera con él después de leer algo semejante. Y, de nuevo, fue él quien la dejó.

Andrea ha encontrado otro trabajo para presentar un programa de televisión y está enfocada en su vida profesional. Pero ha vuelto a salir con el abogado de los calzoncillos rotos... que sigue sin saber si quiere una relación seria o no.

La moraleja de esto es que por muy guapa, inteligente y por mucho éxito que tenga una mujer, si no es consciente de su valía, no sabrá poner límites, no sabrá proyectar que ella merece un hombre que desee el mismo grado de compromiso que quiere ella.

A mi amiga Alicia la engañó su marido –descubrió que él tenía una relación con otra mujer de más edad, menos belleza e inteligencia– y cuando ella decidió dejarlo, lo hizo con la autoestima por los suelos. Temió ser frígida, no haber sabido tratarlo con cariño, o no haber estado a la altura de la relación. Ella es editora de una revista, tiene cuerpo de modelo, tiene don de gentes, es amiga de sus amigos, y sin embargo, tuvo que ir a terapia para reconstruir su ego herido después de descubrir tal traición. Desde fuera es obvio que Alicia tiene todos los ingredientes para ser una mujer de éxito en todos los terrenos. Sin embargo, comprendo bien cómo se siente una mujer después de enterarse de que su pareja le ha sido infiel y no es una sensación agradable.

Hace poco salí a cenar con Alicia, que lleva casi dos años separada, uno divorciada, y seis meses de feliz relación con Miguel, que también es divorciado y con tres hijos. La vi espléndida, fuerte, feliz y segura de sí misma. Me dijo que la terapia –que inicialmente era terapia de pareja y terminó por ser terapia individual– la ayudó a fortalecer su autoestima y a darse cuenta de su valía como mujer. Quizá por eso ha atraído a un hombre que representa lo que ella quiere en su vida: un hombre estable, con una carrera, con metas, y el deseo de tener una relación monógama y al menos un hijo con ella.

—Miguel no pensaba que jamás quisiera casarse de nuevo –me dijo Alicia–. Hasta que me conoció a mí. Y en realidad, yo tampoco pensaba en tener otra relación, después del dolor que pasé con mi ex.

La moraleja de esta historia es que en cuanto Alicia recuperó su autoestima y se dio cuenta de su valía, atrajo a una persona que representa todo lo que ella desea en una pareja. Planifican un futuro juntos e irradian complicidad y el deseo de compartirse el uno con el otro.

Sugerencias para aumentar tu autoestima

Muchas personas basan su autoestima en cosas externas, desde su estatus profesional, hasta su situación económica, pasando por su aspecto físico. Lo malo de basar la autoestima en cosas externas es que si te quitan una sola de esas cosas, te desmoronas y sientes que no vales nada. Para construir una autoestima de hierro hay que basarse en valores internos, esos que nadie ni nada te pueden quitar. Si basas tu amor propio en tus virtudes: ser una persona tenaz, amable, caritativa, simpática, empática, alegre, luchadora, espiritual, generosa… entonces te sentirás a gusto contigo misma aunque tus circunstancias cambien.

Haz una lista de tus cualidades, de lo que tú eres y tenlo siempre presente. Establece metas y pon los medios para alcanzarlas poco a poco. Cada vez que tengas un logro personal prémiate. Un logro puede ser algo tan aparentemente pequeño como leer en vez de ver televisión o bien algo más grande como correr tres kilómetros todos los días. Sea lo que sea, siempre que venzas un obstáculo o consigas algo, apúntalo en una libreta que guardes sólo para eso.

El cuaderno de los halagos

A menudo llevamos un diario cuando las cosas nos van mal. Ahora llevo un diario de cosas positivas y esto me ayudó a reforzar mi autoestima después de mi separación y divorcio y ahora me ayuda a mantener alta la moral.

En un cuaderno cualquiera, anota cada piropo, cada halago, cada palabra o frase bonita que alguien te diga. Reléelo a menudo, como recordatorio de cómo te ven los demás. A menudo esto ayuda a darte cuenta de cómo eres en realidad.

En el mismo cuaderno o en otro, haz diariamente una lista de las cosas por las que estás agradecida. Pueden ser cosas insignificantes o muy importantes, porque todo cuenta. Mi lista de agradecimientos en un día cualquiera puede ser algo así:

- Estoy agradecida porque mis hijas y yo tenemos salud.
- Pude correr durante treinta minutos.
- Hablé por teléfono con mi abuela.
- Se me ocurrió una idea para escribir un libro.
- Recibí un cheque por un trabajo que hice el mes pasado.
- Mi novio me dijo algo muy bonito por teléfono.
- Salí a cenar con mi mejor amiga.

Siempre hay algo bueno, incluso dentro del peor día de tu vida, por pequeño que sea. Si te acostumbras a tomar nota de ello, terminarás por hacerlo sin proponértelo. Soy el vivo ejemplo de que sí te puedes entrenar para tener una autoestima alta y una actitud positiva. Si no conoces mis anteriores libros, el primero que publiqué fue *Me siento gorda*, sobre mi lucha con la bulimia. Si pude superar eso, sé que puedo superar cualquier otra cosa y claro, ¡tú también!

Desarrolla una afición

Siempre me ha gustado bailar, pero cuando mi matrimonio hacía serias aguas, me apunté a clases de salsa. Tal era mi compromiso con esta afición que dos veces por semana conducía cuarenta y cinco minutos en cada dirección para acudir a las clases. Esto lo hice durante tres años y pico y me mantuvo centrada y me ayudó a mantener alta mi autoestima. El comprobar cómo cada semana mejoraba o aprendía algo nuevo en la pista de baile fue para mí un salvavidas. Otras personas en momentos difíciles ahogan sus problemas en alcohol o en algo peor. Lo mejor es canalizar la frustración, el temor y las dudas en aprender algo, en hacer voluntariado o lo que más te guste.

Mi novio, durante su separación y posterior divorcio, volvió a la universidad a estudiar una segunda carrera. Dice que esto le ayudó a salir adelante durante los momentos más difíciles.

La satisfacción de desarrollar un nuevo interés es lo mejor que puedes hacer para elevar tu autoestima. En vez de pasar horas perdidas delante del televisor, esa afición te ayudará a sentirte mejor y a hacer amigos que tienen un interés común. Si no sabes qué te gustaría hacer, prueba varias cosas hasta dar con la que más te guste. Para mí fue el baile, pero para ti puede ser la fotografía, escribir poesía, hacer ganchillo o montañismo.

Lee libros y asiste a seminarios de superación personal

Esto no lo recomiendo sólo porque yo escriba este tipo de libros, sino porque creo en ellos. A mí me han funcionado, y así lo explico junto a mi coautor Raimón Samsó en nuestra obra *7 estrategias para sacar partido a los libros de autoayuda*. Cuando lees con regularidad libros de autoayuda y acudes a seminarios que te enseñan a ser más asertiva, a establecer y conseguir metas y a optimizar tus recursos internos, terminas por adoptar una actitud triunfalista, que no sólo te servirá en el terreno sentimental, sino en todos los aspectos de la vida.

Rodéate de personas afines

Tu grupo de amigos debería ser un reflejo de cómo eres o cómo quieres ser. Si tú quieres encontrar de nuevo el amor y tus amigas constantemente critican a los hombres y muestran una actitud negativa hacia las relaciones de pareja, ¡es hora de buscar nuevas amistades! Cuando te rodeas de personas que piensan que sí es posible encontrar el amor, o conseguir cualquier otra cosa, tu nivel de energía sube. Lo que necesitas para sentirte bien es una red de amigos que consigan hacer aflorar lo mejor de ti, a la vez que tú haces lo propio con ellos.

Puedes centrarte en que el 50 por 100 de las parejas que se casan terminan divorciándose, o bien en que el 50 por 100 de las parejas que se casan lo hacen para siempre.

Lo que haya pasado en tus relaciones sentimentales (o la falta de éstas) hasta ahora no es tan relevante como lo que vaya a pasar de ahora en adelante. En ambos casos, en gran medida depende de ti.

Para cambiar lo que atraes, cambia tú

Haz una lista de cosas que quisieras cambiar de ti. Puede incluir cosas como:

- Ser más asertiva, más amable, más… lo que sea.
- Ser deportista.
- Dedicar más tiempo a leer.
- Perder peso.
- Mejorar la dieta.
- Ser más sociable.

O cualquier otra cosa. Lo importante es que te des cuenta de que hay cosas en ti que quieres mejorar y que luego des los pasos para conseguirlo. Muchas personas se pasan la vida quejándose de que serían más felices si los demás cambiaran, cuando está claro que sólo podemos cambiar nosotras.

Haz una descripción de cómo quieres ser y luego compárala con cómo eres. Pregúntate qué has de cambiar para convertirte en esa persona. Cuanto más te acerques a tu objetivo, mayor será tu autoestima.

Mímate todo lo que puedas

Una persona que se quiere a sí misma no espera a que los demás la traten como merece. Lo hace ella. Sácate el mayor partido posible en todos los sentidos. Si no lo has encontrado todavía o si está caduco, revista tu vestuario y la forma en que te arreglas el cabello y te maquillas. Desarrolla tu propio estilo y te sentirás segura de ti misma. Si cuando sales a la calle te gustas, esa sensación de bienestar se transmite a los demás. Tendrás más probabilidades de atraer personas afines, ya se trate de potenciales parejas o simplemente amigos.

Ve a la peluquería, hazte la manicura, recibe un masaje. No se trata de ser una esclava de los tratamientos de belleza, pero sí de cuidarte como tú mereces.

El cuidado del cuerpo, cuando se combina con el cuidado del espíritu y de la mente, tiene como resultado una mujer segura de sí misma y feliz.

Medita, relájate y practica deporte

Ya sea que practiques yoga, meditación, o simplemente te calces unas deportivas para hacer *footing*, cualquiera de estas prácticas te ayudará a desarrollar fortaleza física y espiritual.

El saber que eres capaz de acallar tu mente, de estirar tu cuerpo o de correr un número determinado de kilómetros es algo que sube la moral a cualquiera. Correr es una actividad que desarrollo desde los doce años y que me ayuda a centrarme y a recuperar una sensación de plenitud si en algún momento la pierdo.

La vida diaria hace que nuestra mente salte de un pensamiento a otro y nuestras emociones se nos disparen en varias direcciones a la vez. La meditación, la relajación y el deporte son maneras de focalizar la atención, lo cual hace que te sientas más calmada y más segura de que eres estupenda, tal y como eres.

¡Flirtea!

Tengas pareja o no, coquetear por el hecho de coquetear es sanísimo. No tiene por qué terminar en un encuentro sexual. El coqueteo o flirteo es simplemente una manera de dar y recibir piropos, que sirve para aumentar la autoestima de ambas partes. Sí, claro que la confianza en ti misma debe provenir de tu interior, pero cuando partes de esa sólida base, entonces puedes disfrutar plenamente de saberte deseada, porque no dependes sólo de ese conocimiento para sentirte bien.

Puede ser una mirada, una sonrisa, un guiño o una frase en una conversación. Es un que deberíamos recuperar, porque realza nuestra femineidad y ayuda al hombre a hacer su papel de caballero. ¡Disfrútalo!

Cómo abordar un error o un rechazo

Miriam es una abogada de treinta y muchos, separada y madre de un niño, que pasó dos meses chateando en su ordenador con un hombre separado. Tras él darle largas varias veces, por fin quedaron para conocerse en persona un domingo por la tarde. Él se retrasó dos horas, pero ella tenía tantas ganas de estar enamorada que se lo perdonó. Cenaron a la luz de las velas, bebieron una botella de vino y terminaron en la cama. Ella pensó que era la culminación de un deseo mutuo y el principio de una maravillosa relación. Él nunca más la volvió a contactar. ¿Qué pasó?

Miriam se sintió herida y perdida, como si la hubiera abandonado una pareja de mucho tiempo. Un día le escribió a él un correo preguntando qué había pasado y él respondió: «Cuando sonó el despertador, tardaste mucho en levantarte, y no me gustan las personas que duermen demasiado». Y así terminó su romance.

Miriam tuvo que lidiar sola con la sensación de pérdida y aprender que a veces una relación por Internet, lejos de consolidarse cuando se da el paso a verse en persona, puede terminar, porque en verdad no había una relación real.

Da la impresión de que a las mujeres se nos ve como el sexo que busca una relación a largo plazo y que el hombre no quiere ningún compromiso. Incluso parece estar mal visto admitir que la persona soltera, separada o divorciada busca pareja. Parece que fuera igual que admitir que una está desesperada. Sin embargo es una necesidad normal en hombres y mujeres compartir la vida con un cómplice, un compañero, alguien en quien podamos apoyarnos en los momentos duros y con quien celebrar los buenos. No hay nada de malo en admitir que buscamos el amor. Como tampoco lo hay en admitir que una se equivocó –otra vez– de candidato.

Ayer mismo hablaba con una amiga soltera que tiene treinta y tantos años, busca compromiso y además, quiere tener hijos. Me preguntó si mi pareja actual es diferente de parejas anteriores. La respuesta es que sí, y en mi caso, ese es un gran paso. Si logramos aprender de la experiencia, podremos dejar de atraer y sentirnos atraídas por el mismo tipo de hombre con diferente nombre, que es lo que le sigue pasando a ella. Siempre elige hombres atractivos y preocupados por su físico, con los que siempre hay una fuerte atracción sexual. No suelen tener trabajo ni dinero, casi siempre abusan verbalmente de ella desde el segundo o tercer día y ella se pregunta por qué no le duran las relaciones.

En todo caso, darte cuenta de que metiste la pata no es fácil de admitir, ni siquiera a ti misma, sobre todo si no es la primera ni la segunda vez. No me refiero a una larga convivencia que por desgaste o falta de comunicación no funcionó. Me refiero a cuando en el fondo sabemos que no hay futuro en una relación que ni siquiera puede llamarse relación, porque no hay compromiso por una o ambas partes. El motivo puede ser que la otra persona quiere una amistad con derecho a roce y tú quieres una pareja al uso, o que no tengáis prácticamente nada en común, pero tu deseo de estar en pareja sea mayor que tu lealtad a ti misma y que termines por conformarte con menos de lo que mereces. Me refiero a menos respeto, menos satisfacción, menos atención y apoyo, menos complicidad, o menos sexo; menos de lo que tú quieres.

El caso es que si encima de saber que el candidato a pareja era un perdedor, él te deja a ti, esto es ya el colmo. Lo sé porque me ha pasado, y pasa a amigas mías estupendísimas.

¿Cómo recuperarte de semejante trago sin perder la fe en los hombres y sobre todo en ti misma?

A pesar de que abogo por la positividad y el crecimiento creo que hay que pasar por todos los estados de luto cuando alguien te deja, por poco tiempo que hayáis salido juntos. Cuando una es muy joven no tiene los suficientes referentes al producirse una ruptura, pero a una cierta edad, seguramente has pasado por ello alguna que otra vez y al menos ya sabes que te recuperarás. Por otro lado, tienes que plantearte que si te pasa a menudo, es momento de cambiar de táctica. Hacer siempre lo mismo o andar con el mismo tipo de persona y esperar resultados diferentes es una locura. Puede ser momento de cambiar tu forma de proceder con el otro sexo o bien de cambiar el tipo de hombre con el que te relacionas. Una cosa es saberlo y otra cosa comprenderlo, interiorizarlo y ponerlo en práctica.

El rechazo es una experiencia del ego y para poder recuperarte, nada mejor que permitirte sentirlo en toda su intensidad. Por otro lado, si la relación fue breve y sin consecuencias, recomiendo dejarla ir y no intentar convencer a otra persona de que esté contigo. A pesar de que suena coherente, es fácil dejarse llevar en el momento y encontrarse suplicando. Conozco a más de una que con una copita de más se ha puesto a llamar a un ex pretendiente para pedirle explicaciones o para rogarle que vuelva. Esto sólo sirve para bajar aún más tu autoestima y para tener resaca al día siguiente.

Yo pensaba que era cobarde quien deja a una mujer por correo electrónico hasta que di con el que simplemente no vuelve a llamar nunca más, ni te devuelve las llamadas, sin un adiós de ningún tipo. Y, por lo que me cuentan, esto es de lo más común, tanto en el mundo de las mujeres como de los hombres. Puede haber muchas explicaciones a este fenómeno. El más extendido es que el que desaparece de esta manera no quiere hacerte daño dejándote con explicaciones, con lo cual en realidad te hace más daño, claro. Otra explicación es que seguramente no están dispuestos a lidiar con tu posible reacción. Hay mujeres que no aceptan un «no» y asedian al hombre que no las desea. En todo caso, es algo que ocurre y para lo que has de estar preparada en el caso de que te toque a ti.

Durante el inicio de una relación o en la época de tanteo, procura estar receptiva y darte cuenta del grado de interés del hombre. No siempre el interés y la atracción entre dos personas evoluciona a la par. Si uno de los dos siente que el otro va demasiado deprisa o le agobia, posiblemente de un paso atrás o simplemente se asuste y desaparezca. Sé tú misma, pero no preguntes constantemente al hombre qué siente por ti, ni hagas planes de futuro ni intentes acelerar la relación. Si has encontrado al hombre que está para ti, ¿qué sentido tiene forzar las cosas? Y por otro lado ¿qué prisa tienes? Si es tu alma gemela, tenéis muchos años por delante para conoceros y amaros.

En el caso de que seas tú la que quieres interrumpir una relación de poco tiempo, lo mejor es que se lo digas. El silencio y dejar de llamar al otro no es el mejor remedio. Tampoco es preciso que lo veas; una llamada telefónica es suficiente. Un correo electrónico o un mensaje de texto no es ni cortés ni valiente.

Si tú creías que todo iba estupendamente y de pronto tu pretendiente desaparece de tu vida y no contesta tus llamadas, correos ni textos, deja de llamar y deja de enviarle correos. Sólo conseguirás sentirte peor y que él te siga evitando. Tu dignidad y tu autoestima están en juego, y es el momento de contar con una buena amiga o varias, que te escuchen y estén ahí para ti en los momentos en que tengas la tentación de asediarlo. A mí me ha pasado, y cuando me di cuenta de que no iba a recibir respuesta a mi pregunta (¿por qué?), se me ocurrió que lo mejor era aceptar la situación y seguir adelante con la cabeza bien alta. Afortunadamente se trató de un idilio breve y no estaba enamorada, pero aún así el ego recibe un golpe cuando se siente rechazado. Recuerdo pasar un par de días con el ánimo por los suelos, preguntándome qué había dicho o hecho para que un hombre, que además no era mi tipo, fuera capaz de dejarme sin explicación alguna. Claro que tampoco habíamos dejado clara nuestra situación, pero en todo caso nos habíamos visto lo suficiente como para –en mi opinión– merecer algo más que el silencio por despedida.

La forma en que resolví esa situación fue asegurarme de que recibía mis mensajes y textos y el momento en que comprobé que no los iba a contestar, dejé de comunicarme con él. Es saludable tener la sensación de que una situación o relación ha quedado zanjada cuando termina y si el otro no te ayuda a alcanzar ese estado, entonces tendrás que hacerlo tú. En mi caso, le escribí una carta manuscrita que no pensaba enviar –y que no envié– explicando cómo me sentía y deseándole todo tipo de parabienes en el futuro. Cuando hablé con otras personas que habían pasado por lo mismo (y me lo contaron después de que yo hubiera admitido primero lo que me había ocurrido) eso alivió mi pesar. Claro que dicen que mal de muchos, consuelo de tontos, pero creo que las penas compartidas pesan menos y las alegrías en cambio se multiplican en compañía.

Pasado un tiempo me alegré de no prosperara el idilio que terminó con un correo electrónico y el que terminó con puntos suspensivos. El hecho de que terminaran, como fuera, me permitió escribir aquí sobre esa experiencia y darme cuenta de por qué esas relaciones estuvieron abocadas al fracaso desde el principio –que no eran mi tipo de hombre y de ninguna manera estábamos hechos el uno para el otro–, y por otro lado me dejaron espacio para desear estar sola y así lograr conocer a mi actual pareja, que considero que es la más equilibrada, satisfactoria y enriquecedora que he tenido hasta ahora.

Y aún así, enamorarse siempre implica estar a un paso del desamor, porque en el fondo todas las relaciones terminan, ya sea porque se termina el amor, o simplemente por la muerte.

Si te embarcas en una relación antes de haber guardado el luto que requiere cualquier pérdida, muy probablemente proyectarás en ella todo aquello que quedó sin resolver en la anterior. Esto no quiere decir que tengas que resolver nada con tu ex pareja, sino que has de atar los cabos sueltos que pueda haber en tu interior. A veces tenemos que ser nuestras propias consejeras, nuestras propias confidentes. No es preciso que cuentes a otra persona lo que te pasa, pero es necesario que te lo admitas a ti misma. Sólo así podrás ser consciente de lo que ocurre en tu cabeza y en tu corazón, y así saber cuando realmente estás preparada para iniciar otra relación en la que seas capaz de tomar al otro como es y no compararlo constantemente con quien lo precedió.

En resumen, es vital cuidar tu autoestima y también aprender que el rechazo forma parte de la vida, no sólo en las relaciones sino en todos los demás terrenos. Cuando aprendas a no tomarlo como una afrenta personal sino como algo natural, serás más fuerte y positiva.

Las relaciones maduras

El amor mira a través de un telescopio, mientras que la envidia lo hace a través de un microscopio.

Josh Billings

Cuando tenemos una o más relaciones a nuestras espaldas, y si además tenemos hijos, es momento de hacer balance de lo que hemos aprendido de cada relación, para poder evitar cometer los mismos errores en el futuro y entrar en la siguiente relación con los ojos bien abiertos.

A estas alturas deberíamos no sólo suponer sino aceptar que no podemos cambiar a los demás. Recuerdo cuando, en uno de muchos intentos de conseguir que mi ahora ex marido practicara deporte, lo apunté a un gimnasio. Tuve que pagar la cuota anual, pero me pareció que eso sería un incentivo para que él se comprometiera a asistir con regularidad. Yo siempre he sido una forofa del ejercicio, y para mí ir al gimnasio o hacer *footing* es algo natural. Conseguí que me acompañara durante un par de semanas. Durante la primera sesión, se subió a la cinta andadora y caminó como si fuera en cámara lenta, mientras leía el periódico. Pensé que eso sería un comienzo, pero en las siguientes visitas al gimnasio, para mi desilusión, mientras yo pedaleaba a toda velocidad en la bicicleta estática, él iba directamente al *jacuzzi,* sin pisar siquiera la sala de máquinas. Al poco tiempo, dejó de ir al gimnasio, arguyendo que «no era lo suyo». Nos apunté a ambos a patinaje en línea y pensé que sería algo que podríamos hacer juntos; el resultado fue que yo continué sola, y él colgó los patines. En otra ocasión, quizá por no escuchar mis quejas, se apuntó a una clase de taekwondo. Casualmente el centro estaba junto a su bar favorito, con lo cual empezó asistiendo a la clase de artes marciales y terminó empinando el codo en el bar. Tardé diez años en darme cuenta de que nunca conseguiría que él practicara deporte, y menos todavía si yo era la que se empeñaba en que debía hacerlo. Fue una batalla perdida desde el principio.

Por supuesto que mis ex parejas también hubieran querido cambiar cosas mías. Tuve un novio al que le ponía enfermo el que a mí me guste levantarme tarde. Él era madrugador y en cambio yo soy una lechuza, me gusta la noche y me gusta dormir de día. Naturalmente no duramos, porque él quería que yo me levantara temprano –como a las seis de la mañana– cuando a veces a esa hora yo me acostaba después de haber pasado la noche escribiendo. El mero hecho de que él se empeñara tanto en cambiar mi reloj biológico me molestaba.

Esto no quiere decir que no se pueda conversar y llegar a compromisos, que sería la forma madura de proceder en una relación de pareja o de amistad. Lo que no podemos es pensar: «Bueno, ahora es un vago que no suelta el mando a distancia del televisor, pero de aquí a unos meses, conseguiré convertirlo en un deportista de élite que además sólo leerá libros de filosofía». ¡Buena suerte con eso!

Si cuando conoces a fulanito es un vago, será un vago siempre. Si tiene tendencia a pasar el tiempo con los amigotes, o conducir deprisa, a fumar como un carretero, o cualquier otra cosa que te molesta, no pienses que tu amor lo cambiará. Lo único que cambiará es que pasará de molestarte sólo un poco a parecerte insoportable. En cualquier relación, ya desde el principio, hay cosas que deberían ser negociables, pero hay cosas que –lo queramos o no– no lo son. Te evitarás mucho sufrimiento si eres capaz de reconocer esto desde el principio.

Por eso, te recomiendo que hagas una lista de características que no podrías soportar en una pareja y otra lista de características deseables, antes de iniciar una relación. Mi abuelo decía –y creo que tiene razón– que se puede decidir no enamorarse. Siempre hay un momento en que tu intuición intenta avisarte de que tu nuevo amor es un mujeriego, por ejemplo, pero decides ignorar todas las señales que lo demuestran y te tiras a la piscina, vestida. Luego te das cuenta de que la ropa pesa mucho mojada, pero ya es tarde. Yo sugiero que te pongas un traje de baño primero, que metas el pie, y que si ves que el agua está fría, te lo pienses.

En una relación madura, te das cuenta de que no es preciso forzar la situación, acelerar acontecimientos ni exigir más de lo que el otro está dispuesto a dar. A menudo nos mudamos a vivir juntos o nos casamos demasiado deprisa, cuando estamos en pleno enamoramiento, en esa etapa en que las endorfinas, la oxitocina y otras hormonas nos tienen en estado de estupidez. Cuando te despiertas de ese estado de embriaguez, te das cuenta de que si hubieras esperado un poco y las cosas hubieran seguido un curso más natural, más lento, serías más feliz y tendrías la sensación de vivir con un compañero, un cómplice, y no de estar compartiendo tu vida con un extraño que –además– ¡no te gusta!

En la primera juventud soñamos con casarnos y tener hijos, y con construir la familia perfecta. Rebasados los treinta y tantos y desde luego los cuarenta y los cincuenta, si te has divorciado y tienes hijos, muy probablemente tus expectativas hayan cambiado. Quieres lo mejor para tus hijos y para ti, y sabes que el hecho de casarse y tener hijos no garantiza la armonía familiar. Es más, tener un hijo puede ser motivo de desunión, si ambas partes no son capaces de acomodarse a la nueva situación y crecer dentro de ella. Yo soy madre y no cambiaría eso aunque pudiera y aunque me divorcié del padre de mis hijas. Aunque no tuviera los cuarenta y siete años que tengo hoy, no creo que quisiera tener más hijos. Mi novio, también divorciado, tiene un nene de siete años y las mías tienen seis y nueve respectivamente. Ya tenemos bastante trabajo criando a tres entre dos personas, y por otro lado los dos somos escritores con metas y proyectos y esto, más nuestra relación, requiere nuestra energía y concentración. Es relativamente liberador saber que no existe la presión de decidir si vamos a tener más hijos o no –está claro que no, por ambas partes– y que desde el principio la finalidad de nuestra relación es la relación en sí misma, a la vez que criamos a los niños que ya tenemos. Eso no es ni mejor ni peor que cualquier otra opción, simplemente es.

Antes de iniciar mi actual relación, fui muy cautelosa cuando salía con un hombre, mis hijas de corta edad no supieron ni conocieron a ninguna posible pareja hasta que conocí a mi compañero actual. Ya no tengo veinte años y – más importante– tengo dos hijas a quienes mis acciones y mi estado de ánimo afecta. No me parece correcto ni justo exponerlas a los altibajos que experimenta una mujer cuando está explorando su soltería.

Mi actual compañero y yo tenemos un proyecto de vida juntos y tenemos una intensa conexión intelectual (muy importante cuando inicias una relación a los cuarenta y tantos años), física y emocional. A estas alturas, sobre todo, si no sientes complicidad, igualdad y amistad con tu pareja, entonces ¿para qué estar juntos?

Ahora entiendo que una relación ha de ser un oasis. Claro que puede haber diferencias de opinión, discusiones, momentos aburridos y de duda. Lo que no puede ser es que la relación esté cargada de melodrama, de reproches continuos. No tiene sentido estar junto a alguien que no comparte tus valores y que contradice todo lo que dices o haces y viceversa. La mayor soledad no se siente estando físicamente sola, sino conviviendo con alguien con quien no eres feliz.

En una relación madura hay comunicación y el deseo de salvar los obstáculos que puedan impedir que la relación progrese sin acumular resentimiento. En una de mis relaciones anteriores, mi pareja me decía que estaba abierto a la comunicación. Entonces cuando anunciaba que se iba de juerga con sus amigos mientras yo prefería que se quedara en casa y así se lo decía, enfilaba toda una serie de argumentos para defender su postura: «Pues todos mis amigos van a salir» (sus amigos eran solteros o terminaron divorciados), «Pero si tú vas a estar durmiendo» (cierto, pero cuando él salía toda la noche, al día siguiente el que estaba durmiendo

¡era él!). En fin, que no se puede decir que uno está abierto a comunicarse si luego va a rebatir cualquier opinión o petición del otro.

Las relaciones maduras, tanto por edad como por madurez mental y emocional, se basan no sólo en comunicarse con el otro, sino en escuchar y dialogar, procurando alcanzar un compromiso.

Es importante saber desde el principio cuáles son las expectativas de la pareja. Por lo general –sobre todo en la mediana edad– incluso antes de conocer a tu alma gemela, por llamarlo de alguna manera, ya sabemos qué queremos. Por ejemplo, es posible que tú hayas creado tu perfil en Match porque quieres tener alguien con quien salir a cenar los fines de semana y no buscas un compromiso de vida. En cambio, si aceptas una invitación a cenar de un caballero que entiende que hay que empezar por salir a cenar pero su propósito es encontrar una pareja con la que convivir, es posible que alguien salga herido de la situación y en este caso sería él.

Es importante establecer cuáles son tus intenciones desde el principio para evitar malos entendidos. Claro que en asuntos del corazón puedes comenzar a salir con alguien porque te gusta su compañía y con el tiempo es posible que cambies de opinión y decidas que sí quieres una relación seria. Si todos fuéramos honestos desde el principio, evitaríamos la desilusión y el desamor. Todos hemos escuchado o dicho alguna vez: «Seamos amigos», y todos sabemos que eso significa que no hay atracción sexual. En cambio a veces los hombres sí se sienten atraídos hacia mujeres y no les dicen que no buscan algo más allá de un rato en la cama, o lo dicen después de que han logrado su objetivo. Si el hombre es honesto, a veces la mujer cree que con sus armas femeninas logrará enamorarlo y convencerlo de que no puede vivir sin ella. En tal caso hay que preguntarse si merece la pena estar con alguien a quien te tienes que «trabajar», cuando posiblemente podrías conocer otra persona con la que establecer una relación satisfactoria para ambos.

En mi blog Diario del Éxito (www.diariodelexito.com) escribí en una entrada sobre relaciones de pareja que si sientes la necesidad de acudir a terapia de pareja, es que es demasiado tarde. Esto fue controvertido y además, en realidad creo en la terapia. Lo que pasa es que por lo general decidimos dar el paso de ir a un consejero matrimonial (en España menos que en otros países), cuando la relación está tan deteriorada que incluso la terapia no es capaz de reparar el daño sufrido. Yo hice terapia de pareja durante los últimos dos o tres años de mi matrimonio, porque quería agotar todas las posibilidades. Si salía bien, mis hijas tendrían una familia unida y si no, al menos tendría la seguridad de haberlo intentado todo. El desenlace fue el segundo, pero creo que la terapia nos ayudó a dialogar mejor cuando nos separamos. Llegó un momento en nuestra relación en que sentí que sin una tercera persona delante, era imposible el diálogo.

Vamos al colegio, a la universidad y hacemos cursos por motivos profesionales, pero rara vez tomamos cursos que nos ayuden a relacionarnos mejor con otras personas, a ser mejores padres o parejas. Esto debería ser algo preventivo, algo que hiciéramos antes de ser madres, padres, novios, o marido y mujer.

Las relaciones maduras también conllevan aceptar a una pareja con las consecuencias de su pasado y con su presente. A una cierta edad, no sólo es normal sino en cierta medida deseable, haberse casado y tenido hijos. Esto implica a menudo tener que lidiar con los hijos y con una o más ex. Soy de la opinión de que si cuando conociste a tu amor tenía a la ex y los hijos, y así lo aceptaste, el problema o la situación pasa a ser de ambos. Después de todo, si pretendes que haya complicidad, eso debe estar presente siempre. Aunque defiendo preservar tu propia identidad, también creo que es justo aceptar a mi novio con todo lo que trae consigo, igual que espero que me acepte a mí, que acepte a mis hijas y el hecho de que tienen un padre; con todas las consecuencias.

En las relaciones maduras ambas personas aceptan compartir intereses y disfrutar por separado de los intereses que no se comparten. Afortunadamente he contado siempre con parejas que me han permitido perseguir mis sueños –o quizá es que yo siempre he sabido proteger mis sueños– y dedicarme a mis aficiones. Practico deporte desde niña, bailar ha sido siempre una gran afición, y la escritura es parte intrínseca de mi vida. Mis hijas también ocupan gran parte de mi tiempo y mi energía. Si la persona que está conmigo no comparte mi gusto por correr en la playa, no siento desilusión. Hay otras cosas que sí disfrutamos juntos como escribir en la misma habitación, hablar de la escritura o pasar tiempo con los niños. Es importante no abandonar –ni tampoco obligar al otro a que abandone– un *hobby* o interés.

Si abandonas aquello que te hace vibrar, o decides tener celos de la afición de tu media naranja, estás dejando de lado una parte de ti y estás marchitando una parte del otro. Además, quizá tu independencia y tu pasión por la pintura es lo que le atrajo de ti. ¿Qué pasa si abandonas eso?

Una relación madura saca lo mejor de ti y hace que tú procures ensalzar a tu compañero. Es más interesante el que cada uno tenga aficiones e intereses y su propia vida social, que enriquece el tiempo que compartís. Por otro lado, si apoyas los sueños de tu novio o tu marido, no sólo es más probable que él apoye los tuyos, sino que tu relación será mucho más rica en experiencias.

Una relación madura se desarrolla con naturalidad pero también tiene en cuenta que es mejor prevenir que curar. Desde hablar de cómo repartirse la cuenta del restaurante cuando salís juntos hasta planificar cómo administrar el hogar si decidís casaros o convivir, es mejor hablarlo cuanto antes, y no dejar que sea demasiado tarde. Uno de los mayores problemas que surgió en mi matrimonio fue nuestra incapacidad a lo largo de los años de tener un presupuesto familiar y acatarlo. Nunca estuvo claro desde el principio quién pagaría qué, o lo que haríamos en el momento de ser padres o si uno de los dos se quedaba sin trabajo o ganaba menos que el otro.

Mi hermana y su marido son, para mí, un ejemplo a seguir en cuanto se refiere a la economía familiar. Desde el principio, y llevan juntos diez años, establecieron que tendrían cuentas bancarias separadas y una en común, que sería con la que pagarían las facturas. En la cuenta común, cada uno ingresa una cantidad proporcional a lo que gana, para cubrir los gastos compartidos. Así, cuando se hacen un regalo el uno al otro o deciden gastar dinero en una compra personal, no tienen que rendirse cuentas. No a todo el mundo le funciona este método, pero sea cual sea el que elijas, es muy importante que ambos estéis cómodos con el acuerdo y que lo acatéis. El dinero o la falta de dinero es uno de los mayores motivos de desacuerdo marital.

Las relaciones maduras están basadas en el respeto mutuo, que comienza por el respeto hacia uno mismo. La manera en que se resuelven las desavenencias desde un principio suele marcar la pauta de cómo se hará durante la vida entera de la relación. Es importante descubrir las tendencias propias y del otro. Si a ti no te gusta la confrontación pero tu pareja no soporta que te alejes e insiste en resolver las cosas en el fragor del momento, a menos que lleguéis a algún tipo de compromiso, vuestras discusiones están abocadas a convertirse en momentos dramáticos cargados de tensión. Si en cambio, llegáis al acuerdo (siempre durante un momento calmado) de que cuando discutáis tú saldrás a dar un paseo para calmarte antes de poder hablar, llegado el momento será más fácil para los dos lidiar con la situación de una manera respetuosa hacia el otro.

Los integrantes de una relación madura saben que las mejores relaciones se basan en la complicidad. Una relación que pretende ser estable y duradera hay que construirla sobre cimientos de honestidad, amistad, complicidad y apoyo mutuo. En el momento en que una de las personas siente que la otra está compitiendo con ella o que no hace un esfuerzo por comprender o tener empatía, y no se hace nada al respecto, se rompe un lazo vital. En una relación madura no se contempla el engaño, y no me refiero sólo a la infidelidad, sino a ocultar información importante al otro. Es muy difícil, si no imposible, reconstruir la confianza en alguien cuando descubres que te ha engañado muchas veces y en cosas vitales que conciernen a la familia. A menudo lo que sucede en estos casos es que si la persona que engaña no cambia, el otro termina por engañar también en otras cosas, en represalia. Esto conduce a la separación emocional y a la larga, a la separación física también.

En una relación madura no se presuponen las cosas, ni se ponen palabras, ideas o actitudes en boca del otro. Si hay la más mínima duda se pone sobre la mesa y se dialoga sobre ello. Pon que tú quieres ir al cine, y que como presupones que tu pareja no va a querer ver esa película, invitas a tu mejor amiga. Cuando le anuncias a tu novio que vas a ir con tu amiga a ver X largometraje, te dice que alguien le comentó que es una buena película y que le hubiera apetecido verla contigo. Termináis por discutir y tú le preguntas por qué no te lo dijo y él te recrimina que no le pidieras que te acompañara. Es un ejemplo muy frívolo, pero cosas así nos ocurren a la mayoría, a diario.

En una relación madura se procuran resolver las diferencias en la pareja de una forma eficaz y rápida, cuanto antes. Si permitimos que una discusión y un enfado dure días o semanas, por orgullo, esto se convertirá en un patrón de conducta que con el tiempo resulta difícil de romper. El sentido del humor, la empatía y el deseo de tener una relación armoniosa ayudan a disolver la tensión entre dos personas. El cliché de no acostarse ni despedirse nunca estando enfadados es muy aconsejable. Naturalmente que es importante no dejarse avasallar y protegerse del abuso emocional y físico –es más, si ocurre una sola vez, lo mejor es terminar con la relación cuanto antes, porque lo más probable es que vuelva a ocurrir–, pero también lo es ponerse en el lugar de la otra persona y admitir nuestras faltas. Todavía hoy con mi ex marido pido disculpas si considero que he sobrerreaccionado. El problema entre muchas parejas e incluso ex parejas, es que ninguno de los dos está dispuesto a dar su brazo a torcer.

En una relación madura, hay respeto por la privacidad del otro. También es cierto que en tal relación no debería haber grandes secretos, y que ambas partes deberían sentirse cómodas compartiendo información, pudiendo dejar abierto su correo electrónico o su red social en Internet. Pero, por otro lado, el respeto hacia el contrario debería significar que hay tal nivel de confianza que una no se dedica a buscarle en los bolsillos, la cartera, el teléfono o el correo electrónico y viceversa. Claro que hay personas que pueden aprovechar este nivel de confianza para engañar, pero no se puede empezar una relación, ni tener una relación saludable si desconfiamos del otro y le espiamos constantemente. Después de todo, ¿te gustaría que él leyera lo que escribes a tu mejor amiga cuando tienes una discusión con él? Hay cosas que son privadas. No son secretos, sino que pertenecen al rincón individual y personal de cada persona. Por ese motivo nadie debería leer el diario de su pareja ni de su mejor amiga ni de nadie. Y seguramente por eso los pensamientos son sólo nuestros; si pudiéramos leer el pensamiento, la convivencia sería imposible. Además, si no te fías de otra persona, lo mejor es que no estés con ella. Procura descubrir si es que la otra persona realmente te ha dado motivos para desconfiar, en cuyo caso hay que replantearse la relación, o si es que tu baja autoestima te hace presa de los celos, en cuyo caso deberías buscar terapia psicológica para abordar tu situación.

En una relación madura ninguno de los dos espera que el otro «adivine» cuál es su estado de ánimo, qué regalo le gustaría para su cumpleaños ni lo que está pensando. Mi amiga Carolina, después de cuatro años viviendo con su novio (divorciado y con tres hijos), le rechazó un anillo de compromiso porque no era el que ella quería; pero tampoco le dice cuál es el que le gusta porque piensa que él debería descubrirlo por su cuenta. Cuando vas conociendo a una persona, claro que es bonito y deseable ir descubriendo su forma de ser hasta el punto de que eres capaz de saber si está molesto o incómodo, cansado o animado, sin tener que preguntar. Pero no hay nada mejor que hablar las cosas desde el principio. Si él te regala rosas amarillas y tú las prefieres blancas, agradécele el detalle en el momento. En otra ocasión, explícale que tus flores favoritas son las rosas blancas, pero si no le dices nada, te seguirá regalando rosas amarillas.

En una relación madura se habla de sexo. Claro que es bonito descubrir los gustos y puntos erógenos de tu pareja. Pero para evitar malos entendidos, nada mejor que hablar abiertamente de lo que te gusta y también de lo que jamás estarías dispuesta a hacer. Es preferible eso que encontrarte en una situación incómoda con tu pareja. A estas alturas de la vida, nadie debería esperar que la otra persona sea virgen o que apenas tenga experiencia sexual. Como me dijo mi novio: «No me importa tu pasado sexual. Sólo tu presente conmigo». Preguntar al otro los detalles de su pasado sexual puede desembocar en celos; celos que por otra parte no tienen razón de ser. Cosas que hay que hablar son: si es que hay o ha habido una enfermedad de transmisión sexual, métodos anticonceptivos si todavía menstruas, y gustos en la cama. Es normal que una relación de pareja comience con mucha actividad sexual. La queja de la mayoría es que con el tiempo esto se va relegando a un segundo plano, y «ya no lo hacemos como antes».

En una película de Woody Allen, una pareja va a terapia con el mismo psicólogo por separado. Ella pregunta a cada uno con qué frecuencia hacen el amor. Él responde: «Casi nunca. Dos veces por semana». Ella responde: «¡Todo el tiempo! Dos veces por semana».

Tampoco siempre se trata de cuántas veces por semana haces el amor, sino la calidad de cada encuentro. Las parejas que tienen hijos de anteriores matrimonios pueden encontrar desde el principio una mayor dificultad para disfrutar de momentos íntimos, pero también es posible que disfruten de más tiempo solos que una pareja tradicional, ya que los hijos también pasarán tiempo con el ex cónyuge. Por otro lado, si no van a tener más hijos juntos, no tendrán que pasar por el cambio y la adaptación que requiere el embarazo y el posparto.

En una relación madura hay una sensación de compromiso y respeto y se procura ser consecuente con lo que se dice o se promete. Si dices que llegarás a casa a las diez de la noche, pero son las once y todavía no has llegado, llamar a tu pareja para avisar de tu tardanza demuestra que la tienes en cuenta. Habiendo tenido relaciones en las que me decían: «Llegaré a las nueve» y a la medianoche no daban señales de vida ni respondían al teléfono móvil, cuando mi pareja actual llega a la hora a la que me dijo que lo haría, casi que me sorprendo. Lo normal, sin embargo, debería ser esto.

En una relación madura, ambas partes apoyan los sueños y las metas personales del otro. Una de las cosas que me atrajo de mi actual pareja era que había vuelto a la universidad. Cuando consideraba universidades fuera del estado en que vivimos, por un lado sentí temor a que la distancia terminara con nuestra relación. Pero por otro lado, comprendí que no podía ni debía interferir con su sueño, porque precisamente era lo que me gustaba de él. Finalmente asistió a un campus relativamente cercano y no tuvo que mudarse. No podría convivir con la sensación de haber hecho que mi pareja renunciara a una meta personal. Ahora entiendo que alguien que no persigue sus metas o siente que ha renunciado a ellas por otra persona no es totalmente feliz. Una relación madura busca la felicidad, el desarrollo y la evolución personal y profesional propia y del otro. Claro que en una relación madura también tiene que haber proyectos compartidos y cuantos más mejor. Para una pareja la meta compartida puede ser viajar juntos a otros países cada verano, para otra establecer un negocio, para una tercera, comprar una casa y vivir junto al mar, o cualquier otra cosa.

En una relación madura, posiblemente la meta no sea convivir bajo el mismo techo. Muchas mujeres que ya han pasado por el altar y ya han compartido su vida con alguien, no quieren volver a convivir con una pareja. Esto no significa que no quieran un compromiso o que no deseen compartir presente y futuro con su amor, sólo que prefieren mantener un mayor grado de independencia. Esto no es bueno ni malo mientras ambas partes estén de acuerdo con la situación. En la madurez física, hay parejas que mantienen relaciones duraderas y estables viviendo en diferentes domicilios, en diferentes ciudades y a veces, en diferentes países. La ventaja es que por lo general comparten el tiempo libre y cuando están juntos no tienen que lidiar con el estrés de la vida cotidiana, que es lo que se dice que mata la pasión. La desventaja es que no comparten esas mismas cosas diarias que pueden acercar a dos personas si saben manejar bien la vida diaria, y se pierde la sensación de familia. Sin embargo, cualquier arreglo funciona mientras los dos lo lleven bien.

En una relación madura ambas partes se sienten apoyadas por el otro, y hacen lo posible por apoyar también. Es incómodo comprobar cómo muchas parejas se pierden el respeto en público y gastan bromas de mal gusto sobre el otro. El sarcasmo, cuando se convierte en algo habitual, es difícil de detener. Hay que evitar caer en esto, y acordar que si uno de los dos cae en esta trampa, el otro debe avisar para evitar que siga sucediendo.

Una pareja madura siente complicidad y no que el otro es el enemigo. En una relación inmadura, o que ya no funciona, ambas partes se ocultan cosas, se sienten incomprendidas y avasallan al otro. Es importante cortar de raíz cualquier atisbo de maltrato, ya sea físico o psicológico. Si eres tú la que siente que se le va la lengua, aprende a controlar tus emociones y a no reaccionar sobre un impulso. Respira hondo, cuenta hasta diez o lo que sea que te relaje y evita decir cosas de las que luego te puedes arrepentir. Parte de la base de que tu pareja es tu compañero y tu cómplice, y que tú eres lo mismo para él. Si no es así, es momento de sentarse a dialogar sobre ello, para recuperar el sentimiento de ser un equipo. Una relación madura no se recrea en las experiencias negativas de relaciones anteriores. Sin embargo, utiliza el pasado como base para no repetir los mismos errores. Si te das cuenta de que reaccionas con tu actual pareja como solías reaccionar con tu ex pero sus personalidades son diametralmente opuestas, habla con tu compañero y explícale el porqué de tu reacción y procura evitarlo en el futuro. No siempre hablando se entiende la gente, así que asegúrate de que ambos comprendéis la raíz de determinados comportamientos y reacciones.

En una relación madura se habla de cómo cada uno siente y expresa el amor. Posiblemente estés acostumbrada a parejas que te decían «te quiero» con facilidad y ahora estés con alguien a quien no le resulte fácil pronunciar esas palabras. Sin embargo, obras son amores y no buenas razones. Si alguien te quiere, lo sabrás por cómo te trata. Observa bien su comportamiento y pregúntate si te demuestra que te ama con sus acciones. Yo estuve con alguien que me dijo: «te quiero» al final de cada conversación telefónica y que lo escribió al pie de cada correo electrónico durante más de diez años. Sin embargo, al final de la relación, por sus acciones, me pregunté si sería cierto que me quisiera tanto... Cuando alguien te oculta cosas importantes para ambos, cuando no te demuestra que puedes confiar ciegamente en él, cuando dice una cosa y luego hace otra, cuando es irresponsable, cuando no te escucha y rebate todo lo que le arguyes y, sobre todo, cuando falta en los momentos más importantes, todos los «te quiero» del mundo no sirven de nada.

No creo que obligar a alguien a que te diga «te quiero» sea aconsejable, sobre todo en las primeras fases de una relación. En realidad, nunca es aconsejable. Debería de nacer del deseo de satisfacer al otro, fruto del amor que nace en tu interior. Los hombres a menudo demuestran afecto o amor hacia una mujer de formas muy diferentes de lo que lo hacemos nosotras. Por mucho que hayamos alcanzado un estatus de igualdad, no creo que plancharle la camisa a tu novio sea rebajarse, sino una muestra de cariño. Eso sí, siempre y cuando él lo reconozca como tal y no como una obligación. Posiblemente tú demuestres tu cariño dándole un masaje o arreglándote para él, y en cambio él lo haga ayudándote a lavar tu coche o arreglando algo que tengas estropeado en tu casa. Naturalmente esto se complementa con procurar «leer» y comprender al otro, lo cual da como resultado hacer cosas que dan satisfacción a ambos. Igual de gratificante, o más, debería ser hacer algo para sorprender o agradar al otro, que ser el receptor del gesto amoroso. Muchos hombres de cierta edad se quejan de que las mujeres exigen mucho y dan poco. Claro que también hay mujeres que dicen lo mismo de los hombres. En una relación madura, ambas partes pretenden ayudar al otro a conseguir sus objetivos, a ser mejor persona y a evolucionar y ser feliz. No se lleva la cuenta de quién hizo qué, pero tampoco se permite que uno de los dos lleve todo el peso de la relación, porque una pareja es un equipo.

En una relación madura, ninguno espera la perfección del otro, y también está dispuesto a admitir sus propias fallas para poder corregirlas. Somos humanos y es normal estar un día de mal humor, dar una contestación inapropiada o pasar por alto los sentimientos de otra persona. Lo que no es normal ni deseable es tomarlo por costumbre, claro. Eso sí, hay que estar siempre dispuestos a pedir disculpas y además corregir el comportamiento por el que tuvimos que pedir perdón. Si sigues cometiendo el mismo error, no importa cuántas veces te disculpes. Esto genera resentimiento y merma la confianza del otro.

Cinco claves fundamentales
para una buena relación

El compromiso – Por muy libres y liberales que pretendamos ser, lo cierto es que una buena relación de pareja requiere del compromiso de ambos para funcionar. Si uno de los dos no está dispuesto a comprometerse en todos los sentidos, estar ahí para el otro en cualquier situación, no tiene sentido. Una buena pareja es cómplice, se apoyan el uno al otro, son amigos y amantes y no se guardan grandes secretos.

Compatibilidad – Los caracteres de ambos han de ser compatibles, que no iguales. El hecho de compartir valores significativos es un importante pilar en cualquier relación. Las parejas de parecido atractivo físico y nivel intelectual, social y económico tienen más probabilidades de durar que las que tienen gran disparidad. Es posible que los atributos de cada uno se complementen, claro, y que un aventurero lo pase estupendamente con una mujer que prefiere estar en casa, pero lo normal es que sea más fácil de sobrellevar una relación en la que los integrantes tengan más similitudes que diferencias.

Fiabilidad – La fiabilidad es vital. Ser una persona que honra su palabra dentro y fuera de una relación es importante. No es agradable estar con alguien impredecible, que promete una cosa y luego hace otra. Este patrón de conducta se puede verificar muy al principio de una relación. Observa cómo se comporta con otras personas: sus amigos, su familia, sus hijos, su jefe, y sabrás si es de fiar.

Fidelidad – La fidelidad es algo que sorprendentemente he comprobado que no es algo que se dé por hecho en las relaciones de pareja, sobre todo en la mediana edad. Conozco demasiadas parejas supuestamente felices que luego he descubierto que se ponen los cuernos como si fuera de lo más normal. La infidelidad suele ser señal de que algo no va bien en la relación. Muchas personas son infieles pero permanecen en un matrimonio por motivos financieros, por los hijos o por comodidad. Por otro lado hay personas que simplemente no controlan sus impulsos sexuales y son incapaces de ser fieles. Si ambas personas están de acuerdo con esto, estupendo, pero lo normal es que no sea así.

Generosidad – En una buena relación, aunque es saludable ser asertiva, una debe preguntarse cómo hacerle la vida más fácil al otro y no estar siempre exigiendo. El amor e incluso la amistad, es generoso. Dar sin esperar a cambio debería ser la máxima de cualquier relación. Claro que cuando eso se convierte en algo unidireccional, ni es justo ni agradable. Pero cuando las dos personas buscan el bienestar del contrario, la cosa va bien.

Tres preguntas importantes acerca de una relación

1. ¿Somos compatibles? – Es muy importante, si no vital. No pasa nada por tener intereses diferentes, eso es hasta enriquecedor, pero si sólo discutís y nunca veis las cosas de igual o parecida manera, habría que replantearse la situación.
2. ¿Cómo es el carácter de mi pareja en cuanto a integridad, honestidad, fidelidad, humildad, fiabilidad, autocontrol y gentileza? ¿Cómo es el mío?
3. ¿Cómo nos comunicamos?

• Diálogo – ¿Nos comunicamos bien y nos contamos cosas de nuestros respectivos días?

• Negociación – ¿Tenemos la capacidad de alcanzar compromisos mutuamente satisfactorios?

• Resolución de conflictos – ¿Somos capaces de resolver conflictos y llegar a acuerdos y recuperar nuestra cercanía como pareja?

Las cinco fases de una relación

Todas las relaciones han de pasar necesariamente por una serie de fases y saltarse alguna de ellas o intentar forzar la máquina puede producir un rotundo fracaso.

Primera fase

La atracción es la primera fase de cualquier relación. Es importante no dejarse llevar sólo por el deseo sexual y la atracción física porque esto puede hacer que pasemos por alto importantes defectos de nuestra potencial pareja. Es el momento en que «el amor es ciego» y perdonamos cualquier falta. Hay que saber dar un paso atrás y realmente evaluar a nuestro pretendiente para entender si realmente es lo que buscamos en un hombre o si es mejor pasarlo por alto porque es un vago, porque no es compatible o por cualquier otro motivo.

Segunda fase

Después de la fase de atracción inicial, es normal pasar por otra fase de dudas. Después de sentir que es el hombre de tu vida porque te hizo reír, quizá te preguntes si realmente es para ti. Los hombres parecen albergar estas dudas más que las mujeres, y a menudo en esta fase se distancian emocionalmente. Es importante darle el espacio que necesita. No lo asedies y sigue con tu vida: sal con tus amigos, practica tus *hobbies* y no te quedes esperando a que te llame. Si le persigues posiblemente se agobie.

Tercera fase

Ésta es la fase de la exclusividad, es decir, cuando decidís daros la oportunidad de probar a ser pareja. Acordáis no salir con otras personas del sexo opuesto. A pesar de haber tomado esta determinación, no te relajes demasiado y no dejes que te vea con los rulos puestos ni hecha un trapo. El éxito a largo plazo de las relaciones estriba también en guardar siempre un poco de misterio.

Cuarta fase

Ésta es la fase en que los dos empezáis a sentiros más cómodos con el otro y empezáis a ver aspectos que no son tan agradables. Es la fase de la intimidad, ya le dejas que te vea sin maquillaje, y él se pasea por la casa en calzoncillos. Aún así, sigue siendo importante guardar un cierto nivel de compostura que demuestra respeto y admiración por el otro. También hay que recordar que todos tenemos defectos y que para disfrutar de las virtudes de tu pareja, tendrás que hacer concesiones con algunos defectos. Pero claro, él también tendrá que hacerlo contigo.

Quinta fase

El compromiso. Esto hoy en día no significa necesariamente una pedida de mano. Es la fase en que comenzáis a compartir experiencias juntos, a planificar para el futuro, e involucraros más en la vida del otro. Esto puede desembocar en la convivencia o en el matrimonio.

Lo cierto es que los hombres parecen pasar por los estados anteriores con más lentitud que nosotras, aunque en edades más adultas, las mujeres se ralentizan también. Procura no intentar saltarte etapas conscientemente ni apresures acontecimientos. ¿A ti te gustaría que te forzaran o te pusieran un ultimátum? Si la relación debe progresar, lo hará a su debido tiempo y, si no, se detendrá, no importa lo que hagas.

Es importante también darte cuenta de que salir con alguien debería ser un proceso de descubrimiento. Aunque hayas sufrido en el pasado, date cuenta de que no tiene por qué volver a pasar en el futuro, y por otro lado, ahora estás mejor equipada para discernir entre un hombre que no te conviene y otro por el que merece la pena esperar.

La ventaja de tener una cierta edad y, sobre todo, una serie de experiencias, es algo que te puede ayudar a tener más éxito en la siguiente relación de pareja. Además ya sabes que el amor no lo arregla todo, que primero tienes que estar bien tú, sabes que puedes recuperarte del desamor, del engaño y hasta del abandono o de un divorcio. Sólo eso debe darte la fuerza necesaria para afrontar el amor en la madurez con madurez, valga la redundancia.

Todos tenemos temores cuando se trata del amor, del rechazo, del riesgo. Pero no es más valiente el que no tiene miedo, sino el que siente temor y hace aquello que teme de todos modos. Mira a tu pretendiente o a tu pareja con compasión y empatía. Piensa que él también tiene temores y procurad ayudaros mutuamente a superarlos. Sé cauta pero no estés a la defensiva. Recuerda que a pesar de todo lo dicho en este libro y en cualquier otro texto sobre las relaciones, no hay verdades absolutas y que cada relación es una aventura, un misterio que se va desvelando poco a poco. Sé realista pero no olvides soñar. Es importante conservar algo de la candidez de la juventud para poder disfrutar plenamente del amor y de las relaciones con el otro sexo.

Ninguna relación es un fracaso. Todas te pueden servir para aprender más sobre el ser humano, sobre los hombres y más importante, sobre ti misma. No desaproveches cualquier oportunidad para crecer y evolucionar. Observa a la gente que te rodea: mira a otras parejas, otras mujeres, otros hombres. Infórmate, porque una persona informada es una persona mejor preparada para disfrutar de lo bueno y defenderse de lo malo.

Epílogo

Desconfíen del rencor de los solitarios que dan la espalda al amor, a la ambición, a la sociedad. Se vengarán un día de haber renunciado a todo eso.

Emile Michel Cioran

La vida no es tan larga como parece cuando somos jóvenes, y que cada uno opine lo que quiera pero, de momento, parece que es sólo una. Cuando rebasamos los treinta y sobre todo los cuarenta años, nos damos cuenta de muchas cosas, pero seguimos confusas en cuanto a otras, y sobre todo en cuestión del amor. Conozco mujeres que se han quedado ancladas en el pasado y tras haber vivido historias de amor apasionadas, después de una mala experiencia han renunciado a compartir su vida con un hombre. Esto no tiene por qué ser malo, claro. Saber estar sola es algo importante para salir adelante en la vida y sobre todo para vivir en paz con una misma. Pero esas mujeres, ya entradas en los sesenta y los setenta, que no quieren saber nada de los hombres y que los ridiculizan, en el fondo no me consta que sean felices. La necesidad normal que tiene el ser humano de vivir (felizmente, claro) en pareja, la satisfacen mediante exigencias emocionales excesivas sobre sus hijos, sus nietos y sus amigos. Piensan que son independientes y, sin embargo, no se dan cuenta de que dependen demasiado de personas que comienzan a sentirse culpables por no estar siempre ahí para ellas.

Por otro lado, el sexo es una necesidad biológica, aunque las mujeres quieren pensar que es algo prescindible a partir de una cierta edad e incluso presumen de ello. Cierto es que hormonal y biológicamente estamos más predispuestas a ello en la adolescencia, cuando nuestra mente no siempre está a la altura de discernir lo que nos pide el cuerpo. Cuando podemos por fin desinhibirnos y disfrutar realmente con un compañero, no parece saludable renunciar a ese placer. El sexo, sobre todo si es con alguien con quien tienes una conexión mental y emocional además de física, es una manera muy sana de dar y recibir placer y de compartir tiempo y afecto con otra persona. Las personas sexualmente activas gozan de mejor salud emocional y física.

Claro que el sexo no es el único motivo por el cual aconsejo tener una relación de pareja en la madurez. Estamos de acuerdo en que no es fácil encontrar a nuestra media naranja a ninguna edad, y mucho menos a estas alturas. Pero no es imposible. La primera traba hacia conseguir una pareja estable y placentera para ambas partes comienza por mostrar una actitud abierta y fresca hacia el amor y la amistad. Piensa que es lo mismo en el mundo laboral y profesional. Las personas que no están «quemadas» o que aprenden a reinventarse en épocas de crisis tienen más probabilidades de encontrar empleo o de conseguir vivir de su vocación o talento que los que se quejan de lo mal que está todo pero no hacen nada por cambiarlo.

Mostrar una actitud positiva no cambia las cosas, pero sí cambia tu manera de verlas. Cuando eres positiva y entusiasta, atraes personas que comparten tu punto de vista y además genera un mayor nivel de energía. Esto hace que alcances tus objetivos con mayor rapidez.

Yo soy la primera que tiene una serie de experiencias dolorosas y desafiantes a sus espaldas en todos los terrenos de la vida. Sin embargo, con cada año que pasa me siento más ligera, más joven y más entusiasta. Esta actitud es, sin duda, el elixir de mi juventud. Cuando miro fotos mías a los veinte años, veo una jovencita apesadumbrada y avejentada, y cuando miro una foto ahora, a mis cuarenta y muchísimos, compruebo que tengo una mirada llena de esperanza y una sonrisa contagiosa. Claro que eso me lo da también la energía que requiere el ser madre de niñas de corta edad (tuve la primera a los treinta y siete años y la segunda a los cuarenta).

Como decía al principio del epílogo, pienso que la vida es demasiado corta como para no seguir probando en todos los campos. Cuando una editorial me rechaza un manuscrito, no pienso que se terminó mi carrera de escritora. De la misma manera, cuando se termina un matrimonio, no pienso que hay que renunciar a tener otra pareja. ¿Por qué?

Mientras tenga vida, seguiré luchando por mis hijas, por mi pasión –la escritura– por la amistad y por supuesto, por el amor.

Lorraine C. Ladish
Naples, Florida, 2010

Bibliografía de Lorraine C. Ladish

Me siento gorda (Edaf, 1993). Basado en su propia experiencia con trastornos alimentarios, ha vendido más de 50.000 copias y sigue a la venta.

Cuerpo de mujer (Edaf, 1994). Sobre la autoimagen de la mujer.

Belleza interior (Edaf, 1995). Breves ensayos sobre el vivir diario.

Aprender a querer (Pirámide, 1996 y 2003). Sobre la codependencia y relaciones de pareja.

Más allá del amor (Pirámide, 1998). Sobre las relaciones de amistad y de pareja.

El buzón de voz (Planeta, 2001). Novela.

El reto de escribir y publicar (Ediciones Obelisco, 2002). Libro práctico que aborda el proceso de escritura y la publicación.

Miedo a comer (Algaba, 2002). Sobre cómo superar un trastorno alimentario.

Estoy embarazada. ¿Y ahora, qué? (Planeta, 2004). Secretos no tan secretos para las mamás primerizas.

Diviértete con tus hijos (Juventud, 2005). Cómo pasar ratos agradables con tus hijos sin gastar dinero ni recurrir al televisor.

Maldito autor (RD Editores, 2006). Novela.

De los cuarenta para arriba... disfruta de la vida (RD Editores, 2007). Sobre la experiencia de cumplir cuarenta años.

Escribir, a tu alcance (Editorial Jirones de Azul, 2007). Curso de escritura.

Niño creativo, niño feliz (Ediciones Obelisco, 2008). Cómo fomentar la creatividad en los hijos.

7 estrategias para sacar partido a los libros de autoayuda (Ediciones Obelisco, 2009). En coautoría con Raimón Samsó.

Acerca de la autora

Lorraine Carbonell Ladish es autora de dos novelas: *El buzón de voz* y *Maldito autor* y con este libro, de catorce títulos de ensayo. Algunas de sus obras son *El reto de escribir y publicar, Niño creativo, niño feliz* y *7 estrategias para sacar partido a los libros de autoayuda* (en coautoría con Raimón Samsó), todas editadas por Ediciones Obelisco.

Bilingüe en inglés y castellano, es traductora e intérprete profesional y actualmente vive en Florida. Autora del blog Diario del Éxito (www.diariodelexito.com), ahora escribe un libro en inglés para el mercado americano.

Para saber más sobre Lorraine C. Ladish visita la web www.lorrainecladish.com

Índice